直面
不确定性

如何从危机中获益

大辉◎著

北京时代华文书局

目录

Contents

第二章　直面不确定性：培养超强的适应力

当不确定性成为常态，那么对确定性的追求，则成为一种我们需要克服的天性。识别不确定性，并与之共处，这样才不至于被动。当我们把自己准备好、设计好后，所有的变化都是机会。

第三章　深度学习：从危机中获益

风会熄灭蜡烛，却会使火越烧越旺。在不确定性的冲击下，那些思维模式固定、僵化的人，注定会在一次次“黑天鹅”事件中“熄灭”，而拥有终身学习能力的人，则会收获一份成长型心态，在危机中获益。

第四章 高效决策：人生持续成功的底层算法

人生有诸多十字路口，需要我们不停地做出选择。当面临重大选择时，人生算法可以帮助我们做出未必最对，但却最适合的决定。这种确保我们持续成功的底层能力，是概率的游戏场。

第五章 超强的行动力：利用危机弯道超车

我们正在经历一场社会经济环境的巨变，在超强行动力的带动下，我们可以免于继续困在水里，变成一条上岸的鱼。而在真正下定决心、彻底投入、持续行动前，什么都不会发生。我们定下的目标、决策以及拥有的知识技能本身并没有价值，只有通过行动将之变成现实才有价值。

第六章 反脆弱：做不焦虑的理性乐观派

未来充满不确定性，世界高度不可预测。这个世界还会好吗？就像约翰·列侬说的："所有事到最后都会是好事。如果还不是，那它还没到最后。"直面不确定性，做不焦虑的理性乐观派，是未来10年最具竞争力的优势。

自序

Preface

未来，唯一确定的，就是不确定性

当今世界，全球各地“黑天鹅”频频起飞。科比坠机、澳洲森林失火、南亚大陆蝗灾、新型冠状病毒……这些事件看似出现的几率很小，可是一旦出现，就会对现实产生巨大影响，同时推翻现有理论。

不确定性已成为生活的常态，它既表示了缺乏安全感，还意味着不可预知、无法控制。为了减少不确定性，人类做了很多努力。但事实上，不确定性才是世界的普遍规律，科学的核心是不确定性，而**确定性是人类用理性思维抽象出来的模型，是真实世界的简化。**比如无论天气预报多么准确，我们对于明天天气的认知仍然是不确定的，预测有暴雨却只飘了几个小雨滴，预测有3级微风却刮来了6级大风。科学之所以能定量，就是将不确定性通过抽象的量化，嵌入模型帮助我们认识世界，因此科学技术是人们发明出来减少不确定性的工具。

我们在对复杂事物、复杂过程的抽象和计算的过程中创造了模型。重大的科学发明，都源于科学家构建了理想化的模型。如果不从模型的角度思考问题，科学的一切成果都将毫无道理。模型是真实世界和科学理论间的桥梁，通过这个桥梁，我们认识世界、理解世界、塑造世界。

思维建模就是将思维中的概念系统通过公式、图表、结构化语言、计算机程序或其他显示媒体表征出来。建模也是人类的一种本能认知机制，比如一个婴儿第一次看到狗时，并不知道它是什么动物，但经过重复看了一些狗的形象或图片后，会在大脑中形成一个狗的模型，以后婴儿看到了符合狗的模型的动物，就会判定它是狗。

心理学家卡尔·荣格认为人类天生就被赋予一些潜意识模型，并将此命名为“原始模型”，这些原始模型是集体遗传的无意识观念、思维模式和意象，普遍存在于个体的心灵之中。比如什么是“英雄”、什么是“坏蛋”、什么是“善”、什么是“恶”都是潜意识模型。因此，识别模型、建构模型是我们与生俱来的一种能力。

对于模型思维，最著名的倡导人就是巴菲特的好伙伴、幕后智囊人查理·芒格，他反复提到一个影响他投资决策的方法——多元思维模型，他说：

> 长久以来，我坚信存在某个系统，几乎所有聪明人都能掌握的系统，它比绝大多数人用的系统管用。你需要做的是在你的头脑里形成一种思维模型的复式框架。有了那个系统之后，你就能逐渐提高对事物的认识。你必须知道重要学科的重要理论，并经常使用它们，要全部都用上，而不是只用几种。大多数人都只使用学过的一个学科的思维模型，试图用一种方法来解决所有问题。你知道谚语是怎么说的：在手里拿着铁锤的人看来，世界就像一颗钉子。这是处理问题的一种笨办法。必须在头脑中拥有一些思维模型并依靠这些模型组成的框架来安排你的经验，包括间接获得和直接获得的经验。

我们可以建立自己的思维模型，更要学习和应用前人验证有效的模型。**在现代社会，一个人掌握科学模型的数量，将直接决定他的认知和行动水平。**脑中只有少量模型的人，遇到不同的问题，喜欢用同一种方式处理，就如同一个手里拿着锤子的人，看到所有的东西都像钉子。

我们不能只有一个锤子，我们需要一套组合工具箱，这套思维模型工具箱能让我们更清晰地思考，更准确地决策，更有效地行动。在这样一个多元思维模型系统下，我们才能高效学习，快速成长，成为人生的赢家。

本书中的思维模型是我读书、上课、与人交流、总结以往经验，从知识海洋中捡到的一些小贝壳。原想记录总结，以提醒自己减少思维偏差和无效行动。发布了几篇后，在微信公众号和知乎上颇受欢迎，两年的积累后，就有了这本书的素材。

由于我研究的是行为设计，就是通过设计环境、优化具体行为帮助人们达成目标，所以本书模型侧重于如何更好地行动，是一套科学行动的方法论。

全书分六章：

第一章：识别不确定性：训练敏锐的反应力。总结了5个工具以应对快速变化的世界。

第二章：直面不确定性：培养超强的适应力。从目标设定谈到驾驭动机，从而快速入门新行业和精进一项技能。

第三章：深度学习：从危机中获益。从最新的认知科学知识出发，分享了打破传统的方法和更有效地学习的技巧。

第四章：高效决策：人生持续成功的底层算法。决策质量决定生活质量，高质量的决策、科学的决策方法都是可以培养、训练的。

第五章：超强的行动力：利用危机弯道超车。我们定下的目标、决策以及拥有的知识技能本身并没有价值，只有通过行动将之变成现实才有价值。

第六章：反脆弱：做不焦虑的理性乐观派。从商业角度提炼出十余个经典的增长模型，帮助我们减轻焦虑，做对未来有信心、对自己有耐心的理性乐观派。

书中的每个模型都是独立的，你不用找整块时间从头读到尾，完全可根据自身喜好，挑任一模型阅读。例如，你想知道在不确定性的环境中，什么策略能让你投资获利更高，可以看看第四章的“杠铃策略”；想不再拖延，有更强的行动力，去翻第五章。

限于作者水平有限，对一些模型的总结和叙述难免有错误和不准确的地方，恳请广大读者批评指正。欢迎到微信公众号“行为设计学”后台留言，我会一一回复。

在阅读的过程中，作者就像司机，开着他的车，读者坐在后座上，一同去某个地方。虽然每个人看到的风景不一样，但我们都有相同的目标，那就是让我们变得更好，让世界变得更好。来上车，我们出发吧！

第一章

识别不确定性：训练敏锐的反应力

想要识别不确定性，一定要对变化敏感，要用变化的眼光看问题。当我们无法笃定地认为什么是确定的，那就接受所有不确定性，理性地看待问题，深入地思考问题。

01 / 模块化思维：应对复杂问题的利器

小时候家里有一台双桶洗衣机。双桶，顾名思义就是有两个桶，一个桶负责洗涤，另一个桶负责脱水，脱水时要将衣服从洗衣桶中捞出放到脱水桶中。虽需人工介入，但比照现在的全自动洗衣机，操作相当简单。这台洗衣机只有两个按钮，一个是洗衣定时开关，另一个是脱水定时开关。

这样将一个任务用两个独立单元实现，不但界面简单，还有其他很多好处，我会在后面详细介绍。如果你仔细观察，这样的处理方式在生活中特别常见，我再举一个例子。

有小孩的家庭会选购辅食机。辅食机有两个功能，一是蒸熟食物，另一个是搅拌食物（建议你在电商网站搜索“辅食机”三个字，找到辅食机的图片获得直观感受）。要实现这两个功能，对应着两种方案，一种是在一个缸中完成蒸熟和搅拌，这是一体机。还有一种是分体式的，和双桶洗衣机原理相似，用两个缸，一个缸中装水，另一个缸中放食物，两缸之间有个气孔，装水的缸有加热功能，加热时蒸汽跑到第二个缸中蒸熟食物。此外，给第二个缸底安装一个搅拌器就能将食物搅碎。

第二种方案将一个任务分解成两个不同的步骤，用两套不同的装置合作完成，就是模块化的解决方式（跟玩积木很像，所以模块化又叫积木化）。

这种把复杂任务分解成不同模块的方式，既能降低制造难度和生产成本，还提高了稳定性和生产效率（像双桶洗衣机两个桶就可以同时工作，一边洗一边脱水）。

为什么将一个整体分成多个单元可以提高效率、降低成本呢？

我们来看两个钟表匠的故事：

在古代有两个钟表匠，一个叫王二，另一个叫李三。他们两人手艺都非常棒，能制作出由1000多个零件组成的手表。王二在做手表时，如果放下手中的活，比如去接客户的订货电话，手表就会散架，以前的工作全白费了，他就得从头开始组装手表。

越来越多的顾客喜欢王二做的手表，就会给他打越来越多的电话，生意忙不过来本是好事，可钟表匠王二却高兴不起来，因为他的工作不断被打断，也越难找到不间断的整块时间组装好一只手表。

组装工作被打断这种情况李三同样也遇到了，但李三提前对手表组装工作做了规划。他的方法是：先将十几个零件组装成一个构件，然后再用这些构件去组合成一只完整的手表。

因此当李三放下手中的活去接电话后，他不需要从头开始组装1000多个零件才能完成一只手表，他只需要重新组装刚才没有完成的那个构件。

假如这两个钟表匠在组装零件时，每10次有一次被打断，那么平均下来，王二完成一只手表花费的时间是李三所需时间的4000倍。

——本故事改编自西蒙的著名论文《复杂性的架构》

这个故事里说的是独立的一个人用这种先组装构件、再合成整体的方式就能充分利用间断时间提高效率。其实它更适合多人合作的情境，在明确的社会分工体系下，不同的人制作不同的构件，能在短时间内制作出复杂的产品。

可以说，要解决一个复杂的系统或过程，必然的也是唯一的方法就是对复杂系统或过程进行分解，这是人类处理复杂性问题的原始方法。但是光分解还不行，还得有本事把它们整合在一起，保证功能的一体化，这个分解再整合的过程就是模块化（Modularization）。

在模块化系统中，每个模块是系统的一个独立单元，模块内部各要素紧密相连，而与其他单元要素的联系相对较弱。

比如上面我们说的辅食机就有两个模块，一个模块加热产生蒸汽，另一个模块搅拌蒸熟后的食物，两者之间靠一个通气孔连接实现我们的需求。

由上面的几个例子我们发现：

- 模块化能帮助我们处理复杂的事情；
- 模块化让并行操作成为一种可能；
- 模块化有利于我们应对不确定性。

这是模块化带给我们的三个好处。

◆◇ 模块化既是分解又是整合

既然模块化有这么多的好处，那对一个复杂系统或过程该如何模块化呢？

前面我们说在模块化的过程中，首先要将一个复杂的任务分解为多个关联较弱的单独模块，最后为实现整个系统的功能要求，还要将不同的模块整合到一起。这就意味着你不但要制造出火车头、火车的车厢，还得把它们连接起来组成能运输东西的完整火车。请思考一下，如果你要设计一列火车，会怎么做？先设计什么？后设计什么？花点时间思考这个问题并写下你的答案。

我们来看专家是如何思考这个问题的。现代模块化理论的提出者、哈佛大学商学院鲍德温教授认为模块化系统应由下面三个要素组成：

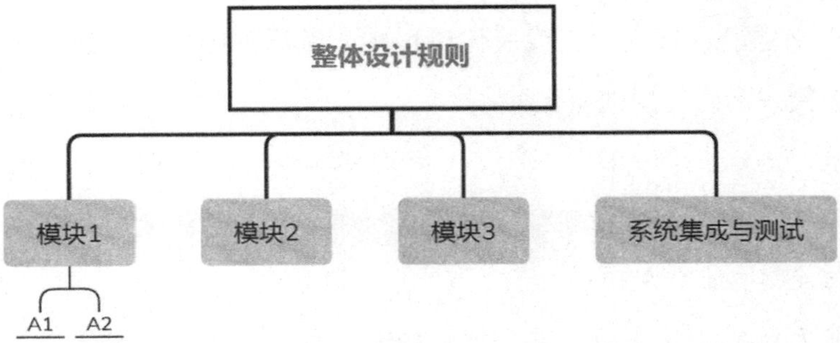

图 1

- 设计规则：由每个模块间的相互依赖性来形成一定的规则；
- 模块：每个模块都要遵循统一的设计规则，但其内部可以独立设计；
- 系统集成与检测：监测并协调各个模块组件集合成整体后的不适合部分。

这里需注意一点，模块是可以递归的，即能够“大盒套小盒”。也就是说，模块还可以分解为多个子模块，如有必要，子模块仍然可以进一步分解。将复杂事物分层是帮助我们认清它的一个有效方式，但也不应分太多层，层数太多，设计规则会变复杂，最后整合时发生矛盾的可能性就会成倍增加。

依据这个思路，我们尝试回答前面设计火车的问题，首先从整体上规划，明确火车功能，确定风格；接着考虑车头和车厢之间的连接方式；然后设计每个模块（车头和车厢），车头在保证满足功能的前提下有一定的灵活性，车厢内部风格也不一定要与车头的一致。于是在统一的规则指导下，车头和车厢就可以交给不同的单位或个人设计。最后有了模块细节后，还需要各方在一起研究方案，这就是开协调会，预先检测和评估系统集成的效果。

我们逐个分析这三个步骤：

第一步：设计规则

首先来看设计规则，在模块化过程中，设计规则是纲领、指导方针，鲍德温教授说明确的规则有三种：

• 结构：确定系统有哪些模块构成，即怎样将模块分解、分类，以及它们如何发挥各自作用；

• 界面：定义模块的边界，模块排序方式，空间、时间的安排，模块间的关系以及信息传递方式；

• 标准：检验模块是否符合设计规则，对模块性能测验和评定。

除明确的规则外，还有一种“隐形的设计规则”，这种规则只在模块内部有效，而对设计其他模块没有影响。而模块内部的决策，可被代替或者事后再定，因此也就没有必要与同它平行的模块相同，我们选择将它“隐藏起来”。

那可以通过什么方式获得明确规定的规则呢？这其实是一个博弈的结果，而最好的博弈规则应是正和博弈，即参与双方都能获益，有三种方法：

一种是自上而下的制定，有点像计划经济，比如网友线下聚会，每个人可以看成是一个模块，组织人员不问会员意见，规定会员按照地域坐在一起，山东的坐一桌，北京的坐一桌，河北的坐一桌。这就是典型的自上而下制定规则的方式。

还有一种就是自下而上，有点像自由的市场经济，成员间相互协商，共同协调，达成一致。比如有人提议大家根据爱好坐到一块儿，喜欢骑车的在一块儿，喜欢摄影的在一块儿，喜欢阅读的在一块儿，大家有共同的兴趣，有了共同话题。

第三种方式就是先规定一种方式，比如用第一种按地域的方式，主办方观察到地域相同的人有共同话题，大家很无聊，于是就迅速调整，按照爱好坐。这是先制定一种规则，然后根据反馈主动调整的方式，有点像软件设计中的迭代。

三种规则的形成方式各有特色，不能简单地判断哪一种方式好，哪一种方式不好。可以根据系统的复杂程度、可控程度和所处阶段灵活运用。规则设计的目标是追求最理想的模块化结构，使整个系统做到最优。这里我再引入一个编程中的概念。学过编程的读者可能听说过“高内聚低耦合”这个概念。即在编程中考虑模块化时需尽量满足：**“高内聚”**，模块内部紧密联系，功能完备，只要求实现一个主要功能；**“低耦合”**，与外部连接应尽量简单，接口要少且标准统一，提高模块的独立性和复用性。

我们可以借鉴编程中的这个概念，在设计规则和分解模块时，尽量做到“高内聚低耦合”。

第二步：操作模块

规则有了，那具体如何操作模块呢？鲍德温教授的《设计规则》一书总结了六种不同的模块操作程序：

1. 分解：将任务或系统分解为多个模块。

2. 替代：用某个模块去替代另一模块。

3. 排除：去除某个模块。

4. 扩展：增加某个模块。

5. 归纳：将多个模块中具有相同要素的归纳合并到一起，组成一个新的模块，这意味着将原来的隐藏信息移动到设计层级，使之对其他模块组可见。有点像一个公司中，原来每个项目组都有一个人负责营销，现在将各项目组的营销人员整合起来，组成一个新的营销部门，负责所有项目组的营销任务。

6. 移植：系统中的某个模块还负责其他同级模块的一些功能，有挣脱该层级的需求，于是就将它升级到上一层。这就像在企业中，一个小组长是多面手，既管营销，又管生产，都干得很好。小组长这个职位已经不能充分发挥他的才能，领导就升迁他做了副经理。

其中分解和替代是互补的，排除和扩展也是互补的，具体操作中还要满足 MECE（相互独立，完全穷尽）原则。怎样形象地理解和记忆这六个模块操作程序呢？你可以类比摆积木。比如你将一个完整的形状拆解为不同的积木块（分解），找到新的积木来替换旧的积木（替代），将一个不好用的积木扔到一边（排除），增加一个积木块（扩展），将多个积木块组合成一个新的形状（归纳），让这个刚组成的形状成为另一个更大的形状的一部分（移植）。

第三步：系统集成与检测

模块化系统中最后一个要素是系统集成与检测。如果高质量地完成了规则设计和模块操作，那么系统集成会很顺利。但结果总跟预想的不一样，因此需要对各模块检查验收，以及协调和消除各模块间的摩擦。一般来说，系统集成与检测是平行于其他模块的一个实现特殊功能的模块。这有点像建筑施工中监理单位的工作，监理和施工单位是平行的，负责检查各单位工作的完成质量和进度，也协调过程中遇到的问题，保证项目既快又好地竣工。

◆◇ 成为规则设计还是模块供应者

由上面我们对模块的分析就可以看出，在一个模块化系统中，主要有两种角色，一种是规则的设计者，还有一种是模块的供应者。选择做哪一种呢？有一句在管理界很流行的话：

一流的企业做标准，二流的企业做品牌，三流的企业做产品。

因此一流企业做标准，就是设计规则，但设计规则不是想设计就能设计的，它需要从更广更高的维度看待整个系统，也需要更强的实力。如果实力不够，就只能做品牌、做产品，做一个模块供应者。

在合作中，设计规则的人有更大的话语权，成功后也能获得更多的利益，同时也要承担巨大的失败风险。模块供应者虽然在整个系统中话语权不及规则设计者，但如果你提供的是一个关键模块，也能直接影响设计规则，使其对自身有利。更重要的是，你面临的不确定性要小，比较安全。

这有点像创业者和打工者的区别：创业者是一个规则设计者，有很大的自由度，但需要应对更多的不确定性，承担更大的风险。而打工者在一个企业中是模块的供应者，自由度小，但无须承担大的风险，收入比较稳定。当然，从另一个角度或者更大的尺度来看，我们每个人既是模块供应者，也是规则的设计者。

◆ 模块化思维在生活中的体现

模块化在生活中随处可见，我们来看几个具体例子：

一、韩信的模块化带兵

《孙子兵法·兵势篇》中第一句：

凡治众如治寡，分数是也。

什么意思呢？就是说如果你想率领大部队和带一个班一样容易，凭借的是“分数”，分数就是对部队编制，对人员进行模块化，比如十个人组成一个班，三个班组成一个排，三个排再组成一个连……这样就能在战斗中让每个模块执行不同的作战任务。

“韩信点兵，多多益善”，为什么韩信带兵多多益善，而刘邦最多能带十万兵？就是因为韩信善于“分数”，能将人员模块化，给每个模块安排不同的作战任务。

二、星巴克门店的模块化设计

星巴克是一个非常知名的咖啡餐饮品牌，门店数量仅次于麦当劳，是世界第二多连锁门店的餐饮企业。1994 年，星巴克在快速扩张过程中遇到了门店装修难题。首先是速度，门店装修进度太慢，跟不上开店速度；其次是风格，就是怎样保证在品牌调性不变的基础上，让各门店看上去有些变化，没那么单调。

怎么解决这个问题呢？困难的事要找专业的人来做。当时的星巴克老总花 150 万美元请来了门店设计专家莱特·马西。马西很有经验，他也主持设计过迪斯尼的各种门店。马西根据星巴克的要求，同团队合作设计了一个方案，就是根据咖啡生产历程，分为种植、烘焙、调制、饮用四个阶段，每个阶段对应一个主题色，比如生长种植阶段对应着绿色，这样就有四种主题色。另外，星巴克有三类不同样式的家具。这样四种主题颜色，三种家具样式，排列组合后的门店装修风格就有 12 种。

有了这 12 种风格后，星巴克门店装修就很简单了，只需要从仓库中取用提前制作好的模块现场搭配。在使用了这种模块化装修方案后，单个门店的装修时长从原来 24 周缩短到只需 8 周，装修金额也从 35 万美元减少到 29 万美元。虽然每家门店只省了 6 万美元，但装修时间却缩短到原来的三分之一，店早开一天，就能早一天开始销售。而由于星巴克门店特别多，从 1995—2000 年这 5 年间，就为星巴克省下了一亿多美元。只花了 150 万美元的设计费用，却节约了一亿多美元，这就是模块化的力量。

三、模块化写作

再举一个例子，这本书其实也是模块化的产物。写一本书并不是一个容易的工作，如果一开始我就想着要写十几万字，可能就会被吓到放弃了。

这本书怎么完成的呢？是我操作模块的成果。在写书稿前，我在微信公众号上已经更新了几十个模型，平时我还做笔记。有了这些基础材料后，我再制定一个规则，也就是本书的主题，然后再设计结构、整本书的框架、章节安排等。有了这个总体设计规则后，具体写作过程就相对容易了，每天抽出一点时间整理思路，寻找合适的素材，对素材模块进行增加删除、排列组合等操作，最后就形成了一本书。你看，一个本来很复杂、很难完成的任务，采用模块化的方式后，完成起来好像简单了许多。

这种模块化的写作方式也不是我创造的，很多大师级作家都用这种写作方式。他们会积累很多知识卡片，而每个卡片就是一个模块。

英国学者赫伯特·斯宾塞就很善于利用卡片，在他去世后，大家发现他花心血积累了几十万张卡片，这些卡片用了科学方法编排，能方便地查找。二十世纪著名的俄裔美籍作家纳博科夫也异常热爱卡片写作，《纳博科夫传》就展示了他用卡片写作的场景照片，在一次 BBC 的采访中，记者问他怎样写作，有什么创作方法时，纳博科夫这样回答：

> 我现在发现索引卡片真的是进行写作的绝佳纸张，我并不从开头写起，一章接一章地写到结尾。我只是对画面上的空白进行填充，完成我脑海中相当清晰的拼图玩具，这儿取出一块，那儿取出一块，拼出一角天空，再拼出山水景物，再拼出——我不知道，也许是喝得醉醺醺的猎手。

中文世界里，钱锺书也是卡片写作的践行者，与钱同时代的夏承焘曾有这样一段话：“阅钱锺书《谈艺录》，博闻强记，殊堪爱佩。但疑其书乃积卡片而成，取证稠叠，无优游不迫之致。近人著书每多此病。”

他是在批评钱锺书的文章“乃积卡片而成，取证稠叠”，也从侧面印证了钱对卡片的娴熟和喜爱。夏承焘虽批评钱的卡片写作法，但钱的书籍广受大众喜爱，而夏的文章几乎无人可知。

这也就是模块化写作的好处，它通过积累丰富的素材，以灵活的结构激发和促进作者远距离联想，创作出有新意、有特色、密度大的作品。如果你想要写一本书，或一篇高质量的文章，请尝试模块化写作，在平时有感想时就写几句，碰到相关的素材也收集下来，日积月累，有了一定的卡片后，你发现写作并没有那么难。以前只能使用纸质卡片，整理查找都不太容易，我们现在有各种手机 APP，能随时随地方便地记录，一张照片，一个想法，看到、想到后马上记录下来，并打上标签，以后查找也轻松。

◆◇ 模块化是我们解决复杂问题的基本方法

模块化是我们解决复杂问题的基本方法，它跟我们熟悉的拆解有些相似，但又不仅仅是简单的拆解。模块化不是将问题拆分为若干独立个体逐一解决，而是在保持问题整体性的同时着手处理各部分。在模块化过程中，首先要定一个规则；然后再根据规则，进行分解、替代、排除、扩展、归纳、移植等方式操作；最后还要对各模块做检测，以便于它们能系统性地整合在一起。

模块化只是解决问题的方法，我们不应为了模块化而模块化，我们的最终目标不是想要一列火车，而是为了将东西从一个地方运输到另一个地方。

02 / 运用类比法分析问题，举一反三

每当理智缺乏可靠论证的思路时，类比这个方法往往能指引我们前进。

——康德（哲学家）

人类的思维方式有三种：第一种是由特殊到一般。比如有一筐苹果，你逐个看了一遍，发现每一个都烂了，你就说这筐苹果都是烂的，这是归纳。第二种是由一般到特殊。这是一筐全烂了的苹果，所以其中任何一个都是烂的，这是演绎。第三种是由特殊到特殊。你可能认为，由特殊到特殊不靠谱，因为没有普适性。但这种看起来不靠谱的思维却是我们最常使用的，你在无意识的情况下每时每刻都在用。比如，我们会说“时间就是金钱”，这是将时间类比为金钱，时间和金钱本是两类事物，靠理性的归纳演绎怎么也联系不到一块儿。但用类比就显得很自然，这里我们采用了二者属性中有相似的特殊部分，比如它们都是有限的，它们都是宝贵的资源。

类比这种思维方式以相似性为基础，既是发散和跳跃的，也是生动和形象的，还具有主观性，可以是个人的体验或想法。正如康德所言，当我们没有理性的思路（归纳和演绎）时，就会使用类比这个方法。它是人类灵活解决问题的一种主要手段，能帮助我们从一些不熟悉的地方找到结论或找到解决问题的方法。

◆◇ 你能由连衣裙想到可口可乐曲线瓶吗

类比的核心之一就是让我们创造性地解决问题。可口可乐曲线瓶的发明就是一个由类比而得的经典实例。据说一天，有位名叫罗特的制瓶工人在跟女友约会时，看到女友穿了连衣裙后显得臀部丰满，腰部纤细，非常有魅力。他盯着女友身材端详了半天，越发觉得这种曲线优美。

约会结束后，罗特突发灵感，根据女友穿裙子的形状设计了一个瓶子形状。经过多次修改后，一款外形美观的瓶子问世了，它看起来就像一位亭亭玉立的少女。这款瓶子不仅好看，而且在有了腰身后，拿握很方便，不易掉落。罗特也有商业头脑，不久便将这个外观设计申请了专利。后来可口可乐看上了这个曲线优美的瓶子，几轮协商后，以 600 万美元的高价从罗特手中买下了这个专利。

这就是类比的魅力，将两个本不相干的东西联系到一起，打开了思路，创造了新事物。所以，类比不是简单的比较，而是推理，所以又叫类推，是从两个事物的一个或多个相似属性出发，去推想其他的相似处，从而对事物的未知属性做出推断。类比是用熟悉的事物解释不熟悉的事物，它**强调相似性，而隐藏差异性**，能帮助我们识别和传达有用的抽象概念。精妙的类比还能讲述一个连贯的故事，唤起情感共鸣，例如，“人生就像一杯苦茶，不会苦一辈子，但总会苦一阵子”。

在类比应用过程中，两个事物间的相似属性越多，相似属性越相关，推想出来的结果就会越有效。看这样的一个例子：上中学时，学校还没有能观察原子内部构造的场离子显微镜，老师就用太阳系的构造类比原子的构造，说原子就像一个微型太阳系。其中太阳系的构造是我们熟知的（虽然也没真实看见和体验过），而原子的构造是陌生的，这二者有很多相似属性，相似属性的相关性也很强，通过这个类比，学生就一下子理解了陌生的知识，也形象地记住了原子的内部构造。

◆◇ 类比只是说明，不能证明

由太阳系构造类比推理原子结构是一种有效的解释和描述，是帮助我们认识和理解新事物的一种方式。但它不是证明，所以类比推理出的结论不见得总是正确的，有时候也不一定对我们的认知有帮助，甚至还会成为我们获得客观世界的绊脚石。因此类比只是我们思维过程中的脚手架（这也是一个类比），在思维过程中使用，获得结果后，要记得拆除这个脚手架，还原事物的本来面目。

知道了类比的优点和缺点后，我们就可以合理使用这个思维工具，还可以通过创建类比来帮助理解和传达我们的想法。其实，精妙类比的数量是有限的，首先喻体很难找，因为要满足两个条件：**含义要有足够的相似度，而且还需对方熟知。**所以我现在读书，发现一个精妙的类比就非常兴奋，并马上记下来。为了展示类比这个脚手架对我们理解认知新事物的作用，我分享一则从《学习的本质》一书中看到的精妙例子。

我们学一个新知识，最大的障碍是原有概念围成的一个封闭空间，学习就是要想办法从原有空间通向新知空间，两个空间中有一堵墙，阻碍我们走向新知空间。以墙为分隔，前面是原有概念，后面是新的概念。那如何学到新知识呢？

如果这堵墙特别高，阻挡住我们的视线，学习者不知道墙后面的知识场里有什么，对他有什么用，那就不会有一丝的学习兴趣。他可能需要一把梯子，设法爬到一定高度，看到墙那边的风景。如果墙比较矮，助跑一下就能跳过去，或者借助绳子爬过去，也可以建造一段楼梯或斜坡。顺着这个比喻，那么小组学习就是一段矮楼梯，小组成员间相互帮助通向新知。而老师提供的信息就是一架长梯。

我们不一定非要翻越这道墙，也可以让墙产生一道裂缝，学习者就能通过这道缝看到墙对面的风景，裂缝越来越大，新知识和原知识连通，墙自然就崩塌了。同理，我们也可以加高这道墙。加高到了一定程度，墙由于无法承受之重就倒塌了。比如提供大量新的信息，将原有概念围住，原有概念也就难以为继了。

我们还可以挖地道，绕过这道墙。比如在学习行为经济学时，《思考，快与慢》这本书中的各种概念都要掌握。而这本书比较厚，翻译过来不太好读。我们可以挖地道，先读《助推》《错误的行为》等相关书籍、学习行为经济学的相关公开课，然后发现《思考，快与慢》中的概念也会基本掌握了。

在这个类比中，原文作者将原有概念围成的封闭空间比作一堵墙，阻碍我们发现和学习新知识。而建一个脚手架、一座桥、一个斜坡，挖一个隧道都是类比。这个精妙类比，生动而明晰地说明了多种学习方法以及学习的多样性，也揭示了学习的本质就是融会贯通新旧概念。

◆◇ 类比的四个原则

到此我们可以总结出一个有实际用途的类比应满足以下四个原则：

1. 要保证类比推论跟喻体内涵相关

比如“教育就像一副眼镜”这个类比。戴上眼镜之前和之后，我们看到的世界是同样的。但戴上眼镜后，我们就能看得更清楚。教育也一样，受教育之前与之后，我们身处的是同样的世界，可受教育之后，我们就能看得更清楚想得更明白。

2. 直观上可理解

作为推论的喻体，要生动形象，容易理解。上面的例子中，眼镜是我们常见的东西，很多人也有戴上眼镜后的直观体验，所以它是非常恰当的喻体。

3. 逻辑上可推导或可类推

类比的作用是为了给熟悉与陌生、抽象与具体间架设一个跳板、搭起一座桥梁，便于我们从这头走到那头。比如我们将计算机叫作电脑，也是一个类比，我们熟悉自己的大脑（可能只是我们自认为很熟悉罢了），于是推导出计算机和人脑一样具有记忆、计算、输入数据、给出答案的能力。

4. 在实践中可检验

虽然类比具有模糊、夸张和主观等特性，但也要接受实践的考验，有效的类比能生存下来，而无用的则会被淘汰。

◆ 创造类比的步骤

以 4 个原则为基础，我们就有创造类比的 5 个步骤：

第一步：找到已知的将要用于类比的原概念（喻体）；

第二步：将新概念（本体）跟原概念（喻体）比对；

第三步：评估新概念和原概念间的吻合度；

第四步：将已知事物的概念推衍到未知事物上；

第五步：提取二者的共通性。

举一个具体例子说明。假如现在你接到一个任务，教在工厂上班的工人认识电脑的三大元件：外存（硬盘）、内存、CPU。你可以这样做：先找到类比电脑三大元件的原概念，由于对方在工厂上班，所以对仓库、车间、工人是很熟悉的，因此就将它们当作喻体。再对本体和喻体进行比对：

外存 —— 仓库；

内存 —— 车间；

CPU ——工人。

然后评估二者的吻合度。外存和仓库的作用都是长时间地存储某种东西，内存和车间都是临时存放的场所，CPU 和工人都具有取用和加工的能力，看起来吻合度很高。

第四步你要将已知事物的概念推衍到未知事物上。

• 由仓库存放原材料推衍出外存是存储原始数据的；

• 由车间是临时存放待加工材料的场所推衍出内存具有临时存放待加工数据的功能；

• 由工人取用材料进行加工推衍出CPU的作用是调用数据并进行计算。

最后一步是提取共通性，构造类比。你将电脑的外存类比为仓库，因为它们都具有长时间存放的作用；将内存类比为车间，因为它们都具有短期储存待加工材料的功能；而将CPU类比为工人，因为它们具有取用材料加工的能力。

至此，你创造了一个看上去很不错的类比，直观而形象地帮助工人理解他们不熟悉的电脑三大元件。你还可以通过这个类比进一步帮助他们理解更多电脑知识，比如数据是如何在电脑中流动的。数据先由仓库（外存）流出，然后到车间（内存），再经工人（CPU）加工，最后再保存到仓库（外存）这样一个流动路径。

由这个例子可见，创造一个好的类比既要熟悉喻体，还要理解新概念本体。初学者不可能深刻理解新概念，所以就很难创造出一个易于理解易于应用的类比。可以先学别人的一些类比，然后再根据自己的理解和熟悉的知识改造。当然，类比也是一个主观化的方式，并不需要非常准确，也不能太苛求吻合度，“白猫黑猫，能抓住老鼠的就是好猫”，在创造和使用类比时，只要能帮助理解问题和解决问题的类比都是有用的类比。

◆◇ 从水管联想到充气轮胎

最后，我们再来看一个极大改善乘车体验的充气轮胎，是如何无意中用类比这个方法而发明的：

我们知道，最早的车轮子是木头的，后来又有了实心橡胶轮胎，当时装有这种轮胎的自行车没有减震装置，骑起来颠簸得厉害，人们讽刺这种车轮是“震骨器”。

一个叫邓禄普的兽医也碰到了这个问题，他看在眼里，急在心里。因为他的小儿子身体较弱，医生建议多骑自行车有助于康复。但看到小儿子脆弱的身体骑在“震骨器”上颠簸，对邓禄普实在是一种折磨，别说康复了，可能还会加重小儿子的病情。作为一个好父亲，邓禄普想改进轮胎的念头一直萦绕在心中。

一天，邓禄普在给他的花草浇水时，一条胶皮管引起了邓禄普的注意。这根浇花的管子用脚踩在上面很柔软，水管也没有全瘪下去。他灵机一动受到启发，橡皮管本身具有一定的弹性，装满水后，就能承受一定的压力。那么在橡皮管里充满空气，效果应该也是一样的，而且重量会轻很多。再把它装在自行车轮子外面，骑上去既能减震，又轻便。

邓禄普和我们前面故事中的罗特一样，马上做试验（你看，这些发明者的一个主要特征就是行动力超强，想到马上就去做），并不断改进，很快就诞生了世界上第一个充气轮胎。而邓禄普也没有止步于自行车轮胎，还将这种发明推广到各个领域。一百多年过去了，邓禄普仍是一家世界知名的轮胎品牌。

在已经到来的智能时代，归纳和演绎这两种思维，都可以算法化，但凡有固定规则的知识，机器都能学会。但类比通过这种远距离、跨行业、偏感性的联想而创新，却是机器不擅长的。在我们前面举的例子中，机器是无论如何也不会将人体形状与瓶子、水管与汽车轮胎联系到一起的，而我们人类却做到了。这种“非理性的原创力”是智能时代中的一种重要的软实力。

03 / 所谓第一性原理，就是事物的本质

类比是一种分类和迁移，由此及彼，由已知到未知，由过去到现在。它也是人类天生的，写在基因中的一种思维方式，我们用类比的方法创造了大量让生活变得美好的产品。但仅仅依赖类比容易让我们浮在表面，不能发现事物的内部结构和客观规律，所以想更完美地解决问题，除了类比，我们还需要借助第一性原理这个思维工具。高手在一个陌生情境中，既会搭脚手架（类比），也会用挖掘机（第一性原理），通过上下夹击的方式解决问题。

特斯拉 CEO 埃隆·马斯克是使用第一性原理的高手，也是他让这个概念流行起来。在这个思维工具的帮助下，他改变商业游戏规则，不断颠覆传统，造电动汽车、挖梦幻隧道以及还要造火箭将人类送上火星。在马斯克开发电动汽车的过程中，一些人说现在的电池组很贵，每千瓦小时会耗掉 600 美元，未来价格也不会低，因为它一直就那么贵。很多权威人士也都声称电池行业技术发展已经到达了顶峰，再没有改进的空间，也不可能用更低的成本生产出来。

◆ 从最基本的组成部分入手

但从第一性原理出发，可以考虑，电池的构成材料都是什么？这些材料的市场价格如何？马斯克在采访中说，他将电池组分解为最基础的构成材料：碳、镍、铝和其他用于分离的聚合物，再加上一个外面的盒子。这些都是电池组重要的构成元素，这些元素中的每个部分都可以优化、改进，

最终的优化程度也取决于解决这些问题的人的聪明才智。于是，特斯拉现在的电池价格就变成了每千瓦小时 80 美元。

这就是第一性原理（又叫第一原理）的思考方式：

与其根据参照物去推论，不如把问题分解成几个最基本的事实，然后检查每个事实部分。即使问题已经解决，我们还是要从问题最基本的组成部分入手，重新审视是否有更好的解决方案。

第一性原理虽然是马斯克带火的，但这个概念可以溯源到两千多年前，它最早由哲学家亚里士多德提出来，相当于数学中的公理，即在每一个系统的探索中，存在第一原理，它是一个最基本的假设或命题，**不能被省略或删除，也不能被违反。**比如：

- 过两点有且只有一条直线；
- 垂线段最短；
- 过直线外一点有且只有一条直线与已知直线平行。

这些是基础几何中的第一性原理，从这些公理出发，可以推导和证明其他命题。

第一性原理也是量子力学的一个术语，意思是从头算，无须任何经验参数，只用少量基本数据做计算，得出分子结构和物质性质。诺贝尔物理学奖获得者理查德·费曼回答过一个问题。

假如在一次浩劫中所有的科学知识都被摧毁，只能留下一句话给后代，如何用最少的词传达最多的信息呢？费曼认为这句唯一的话就是原子假说，即万物由原子构成，它们永恒运动，在一定距离外相互吸引，受挤压时则相互排斥。这句话包含了我们这个世界的所有信息。我们人体也由一个受精卵发育而成，是 60 多种元素组成的一个原子集合。

所以第一性原理有个终极目的，就是回答万物本源这个困扰人类很长时间的问题。

◆◇ 你的第一性原理：初心

在具体的工作生活中，什么是我们的第一性原理呢？就是初心，我们起步的地方，勿忘初心是我们的第一性原理。关于初心，有一则《你会砍哪棵树》的故事分享给你：

有位老教授在一次聚会上跟同学们做过这样一个测试。老教授问："如果你去山上砍树，面前有两棵树，一棵粗，另一棵细，你会砍哪一棵？"问题一出，大家都说："当然砍那棵粗的了！"老教授一笑，说："那棵粗的不过是一棵普通的杨树，而那棵细的却是红松，现在你们会砍哪一棵？"

同学们一想，红松比较珍贵，就说："当然砍红松了，杨树又不值钱！"老教授带着不变的微笑看着同学们，问："那如果杨树是笔直的，而红松却七歪八扭，你们会砍哪一棵？"大家觉得有些疑惑，就说："如果这样的话，还是砍杨树。红松弯弯曲曲的，什么都做不了！"老教授目光闪烁着，大家猜想他又要加条件了，果然，他说："杨树虽然笔直，可由于年头太久，中间大多空了，这时，你们会砍哪一棵？"虽然搞不懂老教授的葫芦里卖的什么药，同学们还是按照他给的条件往下想，说："那还是砍红松，杨树中间空了，更没有用！"

老教授紧接着问："可是红松虽然不是中空的，但它扭曲得太厉害，砍起来非常困难，你们会砍哪一棵？"大家索性也不去考虑他到底想得出什么结论，就说："那就砍杨树。同样没啥用，当然挑容易砍的砍了！"老教授不容喘息地又问："可是杨树上有个鸟巢，几只幼鸟正躲在巢中，你会砍哪一棵？"终于，有人问："教授，您到底想告诉我们什么？测试些什么呢？"老教授收起笑容，说："你们怎么就没人问问自己，到底为什么砍树呢？虽然我的条件不断变化，可是最终结果取决于你们最初的动机。如果想要取柴，你就砍杨树；想做工艺品，就砍红松。你们当然不会无缘无故提着斧头上山砍树了！”

如果在生活中忘掉初心，我们就如同前美国职业棒球大联盟的捕手、教练与球队经理劳伦斯·贝拉说的那样：“我们迷路了，但我们开得很顺，正快速前进！”

关于初心和如何在商业中使用第一性原理，我们还可以向另一位商界奇才亚马逊CEO贝索斯学习。他的口号“我们永远在Day 1”，就是让亚马逊持续成长的第一性原理。

在贝索斯心目中，创业分两种状态，一种是Day 1状态，就是创业的第一天，事业启动，有压力有迷茫，但在最原始的创业冲动下，有极大的创造力和颠覆思想。而在Day 2，则是功成名就，事业到了一个稳定期，有不错的团队和市场份额，企业目标是保持当前状态。

贝索斯认为企业只能在这两种状态中选择一个，假如你是创业者，会选哪一个呢？很多人可能会毫不犹豫地选Day 2。这是很多创业者期望的理想状态。因为到这个阶段，企业已经走出了生死线，各种资源条件都比较丰富，管理也轻松。但贝索斯说要选Day 1，终点不重要，起点才重要，不管取得了多少成就，仍然要把每天当作是第一天。

贝索斯在1998年致股东信里指出：始终保持在起点上，你是很难被打倒的，你拥有无限潜力，除非你自己放弃。而当你到了Day 2，你就会考虑怎样保持份额，保持规模，保持利润，稳固当前的舒适状态。而一旦你进入维持的心态，发展就会停滞，就会死亡。所以，企业必须永远保持在Day 1状态。

贝索斯还把西雅图亚马逊总部大楼命名为Day 1，大楼到处都是Day 1的标志以及对它的解读。这让每个进入大楼的员工知道这是他自己的第一天，是贝索斯的第一天，也是亚马逊的第一天。

我们每个人都希望自己有一天能达到人生巅峰，但贝索斯认为，你达到人生巅峰的那一天，就是你要下落的那一天，我们永远要在起点而不是巅峰。

而我认为人生幸福的第一性原理就是保持初心，持续进步！

在生活中我们倾向于比较，别人已经做过或正在做的事，我们跟着去做。也有以形补形的类比思维，比如很多人认为吃核桃能补脑子，因为核桃仁的外形跟我们的大脑很像。这是我们人类思维的捷径，因为这种思维方式很快捷、很“省电”，但是它也会限制我们的好奇心，如果碰到陌生的东西，我们都以类比的方式去理解，就会以为自己真的理解这个新生事物，而不愿再探索它背后的规律。

而第一性原理则需要一层层剥开事物的表象，找到里面的本质，然后从本质一层层往上综合。这一过程需要调用理性，很“费电”，我们的大脑默认设置是“省电模式”。关于这一点我们也不必过于自责，连很多有成就的大人物也难以脱俗。下面是一些被证明错误的预言，或许我们应当经常拿出来看看，这些伟人沉迷于过去的经验，使用“省电模式”的后果是被打脸打得啪啪响：

• 我觉得全世界可能只能卖出五台计算机吧。——IBM 主席托马斯·沃森，1943

• 演员们表演就可以了，谁愿意听他们的声音呢？—— 华纳兄弟公司创始人哈利·华纳，1927

• 640K 内存就够用了。—— 比尔·盖茨，1981

04 / 摆脱线性思维，学会系统思考

《伊索寓言》中有这样一则故事，说有个寡妇，养了一只母鸡，每天都给它喂大麦，母鸡很勤快，每天能下一个蛋。一天，寡妇想，如果给母鸡多喂一倍的大麦，它每天就可以下两个蛋啊。于是她每天给鸡的大麦增加了一倍，母鸡越吃越肥，也越来越懒，最后一天连一个蛋都下不了。

我们直觉的思维通常是线性的，种瓜得瓜，种豆得豆，一分耕耘一分收获。但真实的情况往往是非线性的，是纠缠在一起的、动态变化的复杂系统。要认识复杂系统，需要先了解几个系统的关键概念：

◆ 存量和流量

存量是系统的基础，是可以观察、感知、计数和测量到的系统要素，它是在一段时间内的要素累积量，比如浴缸中的水，学校的学生数量，微信钱包里的钱等。

存量不是一直保持不变，它会随时间变化，使它发生改变的是“流量”。所谓**流量就是一段时间内流入或流出系统的数量。**比如浴缸中注入或流出的水量，新入学或毕业的学生数量，你微信扫码消费的金额等。我们用一张图来说明存量和流量的关系：

图 2

我们以一个“浴缸”为例，来说明存量和流量的动态特性，也就是它随时间而产生的变化来帮助我们理解复杂系统的行为方式。想象一下，一个盛满了热水的浴缸，排水口已堵上，注水的龙头也关闭。这就是一个没有变化、没有活力的系统。我们试了试水温，觉得水太热，想放掉一些，于是拔掉塞子，水位会不断下降。

如果不再打开注水龙头，水很快就会流尽，存量为零。你为了不让它流尽，打开了注水龙头，如果注水的速率和流出的速率相同，浴缸中的水位就会保持不变，即处于一种动态平衡状态。此时浴缸中的水已经不是原来的热水，在一段时间后，它的温度将接近自来水的温度。

这个浴缸就是一个简单的系统，有一个存量、一个流入量和一个流出量。流量会影响存量，存量也会影响流量。所有模型都是对现实世界的简化，借助这个简单的模型我们可以推导出几项重要原则，它们也适用于其他的复杂动态系统：

1. 所有流入量的总和 ＞ 流出量的总和，存量就会上升；

2. 所有流入量的总和 ＜ 流出量的总和，存量就会下降；

3. 所有流入量的总和 = 流出量的总和，存量就会保持不变。

事实上，当系统的流入量等于流出量时，系统就处于动态平衡状态。

有一些人为什么是“月光族”，就是因为没有什么存量，而且挣的钱

（流入量总和）跟花的钱（流出量总和）相等，挣多少花多少，达到了一种动态平衡状态。如果想存钱，要么多挣钱（开源），要么少花钱（节流），或者同时进行。

我们的大脑总是更多地关注存量，而非流量。比如相亲时，会关注对方是否有房有车（存量），而较少关注具体月收入（流量）。这也不能怪我们目光短浅，**存量的积累需要时间，因此要改变它的流量就需要时间，存量越小，改变它需要的时间就越长。**道理很简单，如果你无房无车，就算月收入10万以上，在一线城市买套房子也需要奋斗很多年。

存量变化滞后和缓慢会导致一些问题，但它也是系统稳定性的根源所在。让我们有一定的调整空间，尝试一些不同的行动，并根据反馈修正那些无效的措施。我们再来看反馈这个概念。

◆ 反馈回路：正反馈与负反馈

在上面的浴缸一例中，我们用眼睛观察水位，然后人工去调整注水量和出水量，这样就能让浴缸中的水位保持在刻度线范围内。

现在我们要把这个过程自动化，不需人工干预。我们给浴缸装个浮子，这个浮子连接着水龙头开关和排水口开关，当水位低于刻度线时，浮子就会打开注水开关；当水位高于刻度线时，浮子就会打开排水开关。此时，就形成了一个简单的反馈回路系统，在没有其他外界干扰的情况下，水位长期保持在相应刻度范围。

现在你跳进了浴缸，你的身体使浴缸的水位上涨（存量发生了变化），浮子监测到水位线超过刻度线，于是会打开排水口放水，直到水位下降到刻度线下。在你出来后，浮子又监测到水位太低，就会打开注水开关。我们从这个过程中发现了一个规律：**存量发生变化后，与之相关的流入量和流出量也会随之改变。**

梅多斯说我们能够通过**观察这种长期保持一致的行为模式来寻找反馈回路线索。**比如我们观察到一个人每天早上都准点去跑步，他可能形成了一个锻炼的反馈回路，跑步能给他带来愉悦、满足和身体的健康。反馈有两种，一种是负反馈，让系统趋近一个稳定的状态；还有一种是正反馈，让系统增强或缩减，它们是系统发展和稳定的两种力量。

一、负反馈：牵马的缰绳

我们设计的“浴缸”这个反馈回路具有保持存量稳定，趋向一个目标调整或校正的作用，它就是“调节回路”，也叫作“保持平衡的回路”，就像牵马的缰绳，让马不会跑得太远。

这个能够起调节回路作用的反馈我们称它为负反馈，这里的“负”是抵抗，对着干的意思。在负反馈下，当系统中的一个条件变化时，系统会做出抵抗这个变化的行为。例如，人在体温上升时会流汗，流汗散热使体温下降，流汗就是身体保持恒定温度的一个负反馈例子。

调节回路这一行为模式在自然和生活中非常常见，它不管系统存量的初始值怎样，也不管它是高于或低于目标的状态值，调节回路都会将其引导到目标状态。如水库的蓄水或放水，身体对血糖浓度的调节，汽车的巡航定速等。但是，反馈机制并不总是有效的，出于种种原因，它可能会失效。比如信息太晚到达；没有传送到合适的地方；信息有可能不清晰，难以被解读；或者信息触发的行动受资源所限、能力不足等。

二、正反馈：脱缰的野马

既然有负反馈，那么还会有一种反馈是正反馈，它能不断放大，增强原有的发展趋势，像滚雪球一样自我复制。简单来说，就是当A产生了更多的B，B回过来再产生更多的A，这个过程就称为正反馈。示例如图3所示：

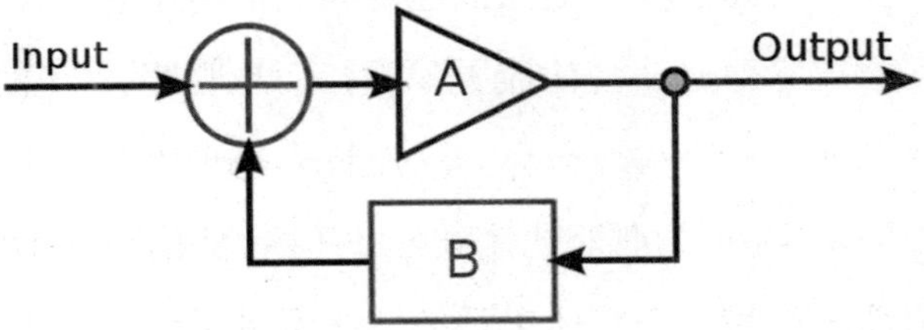

图 3

正反馈如果是良性循环，就会让系统不断成长，越来越好；如果是恶性循环，就像脱缰的野马，会导致趋势越来越差，造成巨大的破坏甚至毁灭。我们将正反馈形成的回路称为“增强回路”，也可叫作“不断强化的回路”。看两个增强回路的例子：

- 两个小朋友闹了矛盾，一个小朋友打了另一个小朋友一拳，后者不甘示弱，就会踢前者一脚；前者为了报复，会采取更大力度的反击……这样，冲突不断升级。
- 在工作中获得的成就感越高，我们就会越勤奋工作；越勤奋工作，就获得越高的成就感……

我们发现增强回路是自我强化的，随着时间的变化，增强回路会导致最终效果指数级地加强或者加速其崩溃。当一个初创企业的业务经市场验证，形成一个增强回路后，会快速增长，而化学或核反应的增强回路最终会导致爆炸。

三、脱缰的野马需要牵住缰绳

正反馈带来的增强回路会造成系统的振荡和不稳定，因此大多数的系统会加入负反馈，避免系统因振荡造成不稳定甚至损坏。这就像一匹脱缰的野马，如果不及时牵住缰绳（负反馈），它会越跑越远，无法控制。

四、反馈让我们有了系统视野

当我们有了反馈回路这个概念后，发现世界没那么简单了，以前班里的学霸学习好，我们可能会简单地归因他聪明。但有了系统反馈知识后，我们会这样想，学霸学习好，会让他更聪明；而越聪明，他就学得越快，会更聪明，这样形成了一个良性循环。这让我们基于因果关系的分析特别艰难，我们很难推断出是因为聪明让他学习好还是因为学习好让他更聪明。所以我们需要将系统作为一个整体来看待，找到了系统中起主导作用的回路，就找到了问题的关键。

◆◇ 系统的三大构件：要素、连接和目标

一千辆马车连在一起也不能成为一列火车。

整体大于部分之和，一千辆马车简单拼凑在一起构不成一个系统，而一列火车却是个完善的系统。在生物学中对于系统的定义是：

系统是能够完成一种或者几种生理功能的多个器官按照一定的次序组合在一起的结构。

从这个定义我们可以得出，任何系统都包括三种构件：组成要素、连接方式、功能或目标。这三者相互关联，各司其职，使系统稳定运行。那么三者中谁是最重要的呢？从系统的观点来看，这是个伪命题，因为三者缺一就构不成系统。但任何事物都有轻重主次之分，我们来看这三个构件的功能：

一、目标决定系统走向

一般来说，系统中我们不容易看到的不明显的部分，即**功能或目标是系统行为的关键决定因素。**

例如，特朗普当选总统后，很多人都担心美国对世界格局的影响。我

们把美国看成一个大的系统，在短时间内，特朗普是很难改变美国的组成要素（比如人口、经济结构等），也很难改变这些要素间的连接方式（比如工商业的合作规则），大家担心的是他可能会改变美国这个大系统的目标，比如将发展经济改为军事扩张。这个目标的改变会决定未来的系统走向跟原来的有非常大的不同。

二、连接至关重要

改变要素之间的关系，或者说是改变它们之间的连接，通常会改变系统的行为。很多公司为了提高创新力，提倡扁平化管理，将原来的科层制管理模式调整为矩阵模式，这个调整就是在改变企业的内部连接方式，这种改变如果能有效实施，会让企业发生大转变，通常要比引进几个高管有效得多。

三、要素可以替换

要素虽然是系统的主要构件，但单个要素的改变或替换并不能让系统发生很大变化。**只要不触动系统的内在连接和总目标，即使替换掉所有的要素，系统也会保持不变，或者只发生缓慢的变化。**

有句话叫作“铁打的营盘，流水的兵”，只要营盘（连接方式和总目标）在，兵（要素）即使全部换掉也不会改变这个军队系统。但有一点需要注意的是，**如果改变一个要素会导致连接或目标改变，那么系统也会改变**，比如，很多创业公司发展势头很好，被大公司收购后不久创始人离职，公司业务就急剧衰退，这是因为像统帅和创始人这些重要元素可以改变系统的连接或目标。

至此，我们分析了无处不在，但经常不被重视的系统原理。文中列举的系统都是简化过的，真实世界的系统是非常复杂的，可能会有多个反馈回路，系统中还嵌套着一个或多个子系统。

比如某村子里有两个小伙子，第一个小伙子从河里挑水喝，一次挑水只够用一天，所以他每天都要去河里挑水。而另一个小伙子心想每天挑水太累了，于是从河里接了一根管道到家里，他就构建了一个供水系统。但时间不长，政府集中给村里修建自来水管道，另一个大的系统引入后，第二个小伙子家中的管道就成为整个自来水系统中的一个小系统。

◆◇ 改变系统的上中下策略

我们学习系统思维，是为了认清系统和改变系统，从系统的三个构件功能出发，就有改变系统的三种策略：

一、下策

替换组成要素。比如小孩子数学成绩差怎么办？孩子是亲生的，没法换，那就换老师，换学校。

二、中策

改变连接方式或反馈回路。小孩子成绩差，认为数学枯燥、乏味，没成就感。改用一种有趣、直观的方式教学，激发他的好奇心就能改变这个状况。

三、上策

改变目标。小孩子不喜欢数学，但他非常喜欢计算机编程。家长可以引导他，想成为编程高手，数学的功底必须扎实，这激发了小孩的兴趣，他学数学的目的改变了，不再是为了学好数学而学数学，而是为了成为一个编程高手而学数学。

◆◇ 用系统思维解决实际问题

理解了系统的核心特征后，我们就能分析和构建一些促进我们成长的系统。而系统的核心是反馈回路，如果没有反馈回路，就不会有系统。所以要应用系统思维，首要任务是寻找反馈，构建反馈回路。下面举两个例子抛砖引玉，你可以在日常生活中多思考，哪些工作和日常事务可以系统化，形成一个增强回路。

一、打造高效学习系统

我们尝试用学会的系统知识去构建知识学习系统。用三步来实现：

第一步：确定系统的目标或功能 比如你想学好英语，达到可以流利地进行口语对话的目标。

第二步：分析当前存量 认清当前状态。你可能觉得自己的词汇、语法水平都很差，也就是说你的存量比较小，我们前面讨论过，存量越小，对输入输出的反馈越敏感，从这个角度来说存量低反而是个好事情。有些教练在教学生一个技能前，会让学员先清空自己，就当以前从未学过，这样反而会学得更快，就是基于存量小、反馈快的原理。

第三步：构建反馈回路 流利的口语是系统的输出，为了实现这个输出，你必须有高质量的输入，比如记单词、学语法、找外国人练习。在跟外国人对话的过程中，你会获得输出效果的反馈，然后利用这个反馈再去修正输入，比如一些单词发音、语法错误，这样就形成了一个增强回路，在这个回路作用下，你的口语水平会越来越高。

很多时候，我们觉得进步很慢，就是因为没有获得外界的反馈，或者外界的反馈太模糊、太滞后，无法给我们下一步的行动提供改进建议。

二、打造赚钱系统

我们再用学到的系统知识去尝试打造一个赚钱系统：

第一步：确定大目标，再将目标分解 赚钱这个目标比较虚，不好落实，再细化一下，假如你选择的目标人群是学龄前儿童的妈妈，想赚她们的钱，首先得找到她们，取得信任，服务好她们。先定一个小目标，比如拉够 200 人的宝妈微信群。

第二步：找出你认识的宝妈 你翻了翻通信录，发现有 6 个学龄前儿童妈妈联系方式，这是我们的存量，需要好好利用起来。

第三步：设计增强回路 我们都是生活在与自我特征相似的社会圈子里。

一般来说，宝妈认识宝妈的机会更大。你有 6 个种子用户，想通过这 6 个种子用户带来更多的目标用户。于是你设定了一个奖励机制，比如每介绍一个宝妈用户发一个10元红包。在这个奖励下，宝妈会拉来她们认识的朋友，后进来的宝妈看到奖励后又会拉她认识的朋友进群，如此就形成了一个不断增强的自循环反馈回路。如果你的奖励机制设计合理，200 人很快就能达到。

当然在实际操作过程中，有的用户为了奖励，拉进并不满足要求的好友，所以，你还需要设计一套审核机制，以确保这个系统是向着你想要的目标去发展。

不要小看这个很简单的步骤，它是社交电商的核心玩法，拼多多的快速崛起就是利用社交环节的增强回路，低成本地获取客户，将它的雪球滚得越来越大。

05 / 通过观察和经验获得的知识，具有局限性

先看一个心理学试验：我们在空地上用篱笆围成一个方形围栏，其中三边都有篱笆，留出一边开放，如图 4 所示：

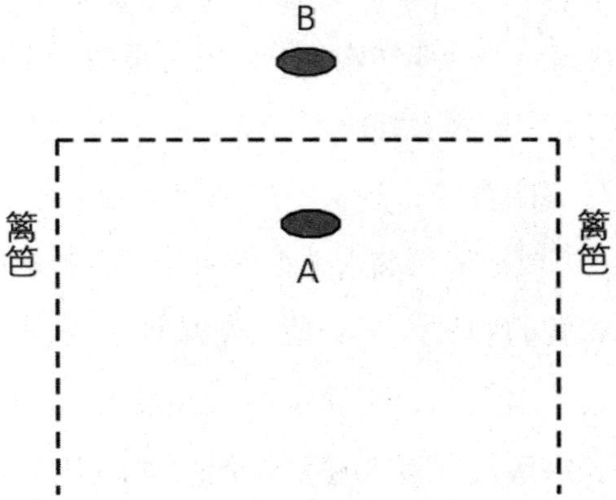

图 4

提前将一些食物放在篱笆外面的 B 点，然后再牵一只狗到篱笆内的 A 点，狗很饿，已经几天没吃到东西了。试验结果显示，对狗来说，吃到食物是非常容易的。

它可能先会趴下，摆出一个向食物直接冲过去的姿势，但是很快，狗会反应过来，弄明白了情况，它会绕过篱笆，果断地以一条平滑的曲线路径跑到食物那儿。

有时候，尤其当 A 点和 B 点间的距离特别近时，就具有很大的迷惑性，狗要解决这个问题就不会那么顺利。试验中狗在篱笆内会浪费一些时间，

它吐着舌头又叫又抓，甚至用头去撞篱笆。这样折腾一段时间后，它才有可能“想到一个好主意”，会绕过去吃到食物。

将不同试验对象放到位置 A 点观察比较它们的行为，会发现非常有意思的现象。一只成年黑猩猩或一个 4 岁大的儿童，这个问题对他们来说很简单，他们会很轻易地绕过去获得食物。

但如果放一只母鸡，就很难了。它会在篱笆内侧扑腾不停，并努力地想从篱笆的空隙挤过去，即使它最终能吃到食物，通常也是意外所获，而不是有意为之。

母鸡在这个过程中会花费非常多的时间，一般是扑腾累了，失望地看着食物，然后踱步到篱笆外后偶然碰到的。它并没有学会解决问题的方法，下次碰到同样的情况，它照样会扑腾不停。

我们可能会笑母鸡的蠢笨，其实一些成年人也会犯相似的错误，比如那些为了发财砸取款机或抢银行的人就很像对着篱笆扑腾的母鸡。

还有那些盯着想要的职位，不断地、持续地投递同一封简历的人其实也差不多。他们只会冲着目标，用简单的、直线的，类似母鸡这种原始的条件反射方式，去寻求解决问题的途径。但如果问题真的那么容易解决，也就不算是什么问题，因为它早就被解决了。

◆ 探索法是第二层次思维

如同开一把锁，如果钥匙插在锁眼里，门就很容易打开。碰到了问题，钥匙肯定在看不见的地方，只有在其他地方才能找到。有价值的、复杂问题的解决方式都不能简单地从问题直接得到答案，需要从不同的角度，用迂回的、曲折的方法不断探索才有可能获得。

用价值投资大师霍华德·马克斯的话来说，这就是第二层次思维，它是简单思维的对立面。第二层次思维深邃、复杂而迂回。

> 如果第一层次思维说：这是一家好公司，让我们买进股票吧。而第二层次思维会这样想：这是一家好公司，但是人人都认为这是一家好公司，股票的股价和定价都过高，让我们卖出股票吧。

巴菲特的“别人恐惧我贪婪，别人贪婪我恐惧”就是典型的第二层次思维，这种思维不是本能思维，需要刻意地、持续地训练（关于第二层次思维更详细的解释，见本书第四章第一小节）。

第二层次思维也是一种探索法的思维，去探索事物背后更深层的因果关系。探索法起始于数学，探索的意思是在追求未知事物时，尝试不同于标准流程的新做法。两位著名的数学家、哲学家，笛卡儿和莱布尼茨对探索法体系贡献最大。

莱布尼茨曾写道：

> 没有什么比创造的源泉更重要了，在我看来，它比创造本身更有意思。

莱布尼茨说的“创造的源泉”就是怎样才能创造的方法论，它比创造本身更有价值。所以学习“探索法”就是学习**发现的方法与规则**，它也是**创造的方法与规则**。第一个对探索法进行体系化阐述的人是帕普斯（Pappus），他是公元300年左右的希腊数学家。下面我解释一下探索法的核心要点，它是创造性解决问题的通用方法。这些方法我们在初中做数学题的时候都用过，但在生活中遇到问题时，经常会忘记还有这样的思路。

◆ 三种探索路径：变化问题、引入辅助、逆向求解

一、对问题适当变化

有两种变化问题的方法，一种是前面谈到过的类比法，另一种是对问

题进行分解、重组，跟我们说的模块化是同样的道理。

1. 使用类比法

用类比是我们最直接、最习惯的一种方式。碰到新问题时，可以问：以前见过相似的问题吗？是完全相似还是部分相似？以前的解决方法有助于解决此问题吗？

前面心理学试验中的 4 岁小孩为什么能够很快地解决问题。我们猜想他可能使用了类比法，在以前玩游戏的时候，家人经常把玩具放在他的身后挡起来，小孩会绕到大人身后拿到玩具。在这个过程中，4 岁的小孩将试验中的篱笆类比为大人的身体，他就用跟以前相同的方法（绕过障碍获得食物）。

2. 对问题进行分解、重组

对问题进行分解和重组是基本的思维方式，它也是我们前面谈的模块化思维。如果一个问题看起来特别复杂、无从入手，那么首先想到的是将它分解。我们来看一个将大问题分解为小问题的商业案例。

现在，人类要登陆火星居住的梦想，在技术上是可以实现的，那怎样将 100 万人送上火星呢？美国政府算过，送一个人上火星的成本是 100 亿，那么送 100 万人上去就要 1 万万亿美元，这相当于美国 500 年的 GDP，经济上显然不可行。但硅谷“钢铁侠”马斯克说，送一个人到火星根本用不了 100 亿，他有能力将这个费用降低到 50 万美元。而 50 万美元，并不是很大的数字，用在北上广都买不到一套房的资金去火星定居，很有吸引力。

将 100 亿减少到 50 万，成本缩减了 2 万倍，似乎不太可能。看看马斯克是怎么分解的。他说 2 万等于 20 × 10 × 100，这个算术等式没问题。先看 20 这个数字，现在的飞船，一次只能装 5 人，马斯克说只需要造一个能装 100 人的飞船，就相当于将成本降低到原来的 1/20。现在马斯克的私人公司 Space X 确实在试验这样的大火箭。

那10这个数字从何而来呢？马斯克说，我是私营企业，效率高，会将制造火箭的成本降低到原来的1/10。这一点马斯克也没吹牛，他现在已经将成本降低到同行的1/5。

最后那个100怎样实现？马斯克认为，现在的火箭都是使用一次然后报废，要造可以重复使用的火箭。如果火箭能重复使用，每次返回后只需加燃料就能再次起飞，这能将成本降低到原来的1/100。事实上，马斯克已经多次成功回收了自己设计制造的火箭。

你看，一个看起来根本无法实现的目标，经过分解后，也有实现的可能。将问题分解后，再尝试将这些元素以一种新的方式组合起来是发现和创造的基本方法。我们人类90%以上的创新，就是在分解重组中取得的。

二、引入辅助问题

假如你打羽毛球时不小心将球打到房顶上去了，现在要拿到羽毛球就是你要解决的问题。但房子太高，你爬不上去，此时需要引入辅助问题，你可能需要先找一架梯子。现在你首先要解决的问题变成哪里能找到爬上房顶的梯子，解决了找梯子这个辅助问题后，房顶上的羽毛球也就能很容易地拿到了。

三、倒过来解

当正面无法突破时，能不能倒着干呢？从最终目标开始，即我们已经实现了目标，问自己：“我从哪里出发到达终点的？这是我想要的吗？到达终点的必要因素是什么？”然后再反过来从头开始思考和执行，通过这种逆向思考，我们对目标的可行性更为清晰。

假如你现在上大一，想毕业后入职百度，你不知道学习什么样的技能才能让你进百度的机会更大些。此时，你可以倒着思考，四年后的百度员工需要什么样的技能呢？

你从公开的信息发现百度在AI方向发力，四年后，掌握机器自主学习的技能对于百度员工很重要，也会有更多的发展机会。所以学习并精通机器自主学习的相关知识，对你入职百度有非常大的帮助。

查理·芒格提倡的一个重要思想就是**逆向思考**：“我只想知道我将来会死在什么地方，这样我就可以永远不去那里啦。”有时候我们不问如何达到目标，却反其道而行之，考虑自己不想要什么目标，怎样做才能达成这些不想要的目标，又如何避免这些目标的实现。比如不要想怎样才能经营好婚姻，而是考虑什么样的品质会破坏婚姻。不诚实这一品质肯定会破坏婚姻，再正向思考，应努力保持诚实才能经营好婚姻。

◆◇ 探索既是分析又是综合

帕普斯说，探索法其本质就是分析与综合的程序，是思维过程的基本环节。在分析中，我们从想要解决的问题开始，假定它是成立的。

如果问题成立，我们可从中得出某些结论，从这些结论我们又能够得出另外一些结论，直到得到可以作为综合起点的那个点，这个点或许就是我们要的那个无须证明就成立的“第一性原理”。

在分析过程中，我们假设要求做到的事情已经做到（你是百度员工）。我们先研究要得到这个结论需要什么前提条件，然后再研究这个前提又是依据什么前提而得出的。这样从前提到前提，直到我们得到了某些已知的，或者公认正确的东西（百度在大力发展 AI），这个过程我们叫作分析，或者叫作倒过来解。帕普斯说：

在综合中，我们把这个过程反过来，从分析过程中最后到达的点开始，从已知或公认正确的地方开始，由它推导出分析中先于它的东西，并继续推导，沿着我们的步骤回溯上去，最终成功到达了我们想要的东西。这一过程我们称为综合，或者叫构造性求解，也可叫作前进论证。

在解决问题时，通常分析在前，综合在后，分析是设计方案，综合是执行方案。分析是创造，综合是执行，分析与综合互为前提，互相补充，互相转化，这是探索思维的核心。

最后我们以原始人过河这个故事再理解一遍分析、综合这种解决未知问题的探索法思维：

假设现在一个原始人要渡河。平常河水都很浅，可以蹚水过去。这一天，河水涨了，蹚不过去。这个原始人回忆起，他曾经有踩着一棵倒下来的树过另外一条河的经历。于是他四处寻找倒下来并横在河上的树，这是一个很棒的想法。

但是他沿着河流上下走了几回，都没有发现能让他踩着过河的树。那他有什么办法让河边生长的树倒下，并且还让它横在河上呢？这一连串念头就是分析，如果这个原始人完成了他的分析，他可能就是桥和斧子的发明者。

那综合是什么？

综合就是把这个念头付诸行动。原始人综合的最后一个动作，就是踩着横倒在河上的树过河。我们发现，分析和综合的次序恰好相反，在分析中，过河是分析开始的第一个愿望，而在综合中，过河又是最后一个动作。也就是说**分析存在于思维之中，综合存在于行动之中**，分析锻炼思维，综合锻炼体力，分析是拆解问题，而综合是整合问题。

第二章

直面不确定性：培养超强的适应力

当不确定性成为常态，那么对确定性的追求，则成为一种我们需要克服的天性。识别不确定性，并与之共处，这样才不至于被动。当我们把自己准备好、设计好后，所有的变化都是机会。

01 / 目标导向：目标越小，越容易达成

制定目标真的很容易，鲁迅曾说：“戒烟这件事真的很简单，我随随便便就戒了好几百次。”马克·吐温听了很生气，这明明是我说的，跟鲁迅有什么关系？美国总统奥巴马上台后宣布说要戒掉烟瘾，但后来不了了之，估计也没有成功。

◆◇ 不具体、不紧急的目标无法达成

定目标和产生戒烟的想法一样简单，每年你都可能会要制定几十或上百个目标，可最后完成的有几个呢？我们来看一项 2015 年的统计数据（源于 Statistic Brain）：

人们最常见的新年目标是减肥、管理时间和存钱。以减肥为例，若要达成目标，采取的措施就是少吃东西多运动。俗话说减肥很简单，只要“管住嘴，迈开腿”。那我们看看有多少人管住了嘴呢？真实数据是：

- 一周后，剩下 75%；
- 两周后，还剩下 71%；
- 一个月后，64%；
- 六个月后，46%；

而一年后还在坚持的，只剩下 10% 左右。也就是说，如果你能保持一年不过度饮食，你就超过了 90% 想要减肥的人。很多人坚持不下来，没能达成目标，会归罪于自制力，但你有没有想过，是不是因为目标本身的不合理呢？

在制定目标这件事上，大多数人都会进入下面的误区：

1. 目标不具体，比如：

- 我想减肥；
- 我想存钱；
- 我想今年多出去旅游。

2. 结果不紧急，没有限定完成时间 开始一件事情是很容易的，我们每天都有很多想法，有些可能还会付诸行动，但持续行动就很难了。如果没有限定完成时间，即使简单的事情也不会主动去做。我猜想你至少有一本已经躺在阅读器里很长时间的想读完的电子书。

3. 目标没有转化为行事历 时间是完成一件事情的必要资源，如果你不为一件事合理安排时间表，即使再简单的事，你也不会去行动。而实现一个适合的目标时应尽量避免这种误区，提高行动力，帮助我们将愿望转化为现实。适合的目标能够：

- 集中注意力；
- 提供持久的动力（合理的目标能回答你心中不断泛起的“为什么又要做这件事”的疑问）；
- 指明方向，检查自己是不是在正确的道路上；
- 帮助寻找解决方案。当你有一个具体目标时，大脑的潜意识会自动搜寻相关的资源和方法。

现在的问题是，如何才能制定一个合理的目标呢？

可以将目标简单地分两种：一种是表现型目标。表现型目标看重的是结果，有助于做出成绩。公司由上而下指令的目标多是表现型的，比如月度业绩、周任务等，只注重结果，以最终成绩为衡量标准。

还有一种是进取型目标。进取型目标看重的不是结果，而是过程中的进步和改善。进取型目标源于自身的内部动力，这类目标实现的可能性更大。

表现型目标和进取型目标从外部看是很难区分的，关键在于我们自身对待这个目标的态度，如果你注重目标本身以及外界对你实现这个目标后的看法，这个目标就是表现型目标。

而进取型目标则不同，当一个进取型目标未达成时，我们也不会有太大的失落，因为我们在实现目标的过程中获得了进步。表现型目标有助于我们做出成绩，这是建立在任务不太复杂的基础上。而如果任务复杂，需要的时间又长，进取型目标会有更大的优势，能让我们聚焦于进步，直面困难，享受过程，收获更多的喜悦和幸福。因此心理学家建议我们要主动地给自己多定进取型目标，少定表现型目标。

◆◇制定目标的具体步骤

下面我们要详细讨论如何制定一个可实现的好目标。合理的目标不是凭空而来，也不是一时兴起，它源于个人使命，也就是你想成为一个什么样的人；然后从使命到角色定义，如在家庭中你的角色是父亲，在公司是产品经理；再根据角色设定不同的目标；最后根据目标做计划，制定行事历或授权他人完成。当然，即使有了目标，如果不持续地执拗地行动，什么事都不可能发生。我们会在本书后面的内容中探讨怎样保持行动力的策略。

下面是我总结的制定目标的详细步骤：

一、从“为什么”开始确立长期目标

著名作家西蒙·斯涅克的黄金圈法则理念是，从“为什么”开始你才能保持长久的激情和注意力。很多人关注的是做什么或者怎么做，而从“为什么”开始，由内向外的感召才能让你拥有持久的动力。所以我们先从问自己“为什么要做这件事”开始设定长期目标。可通过下面两个步骤找到你的长期目标：

第一步，从不同角色出发，根据角色设定你认为非常值得实现的长期目标。部分目标可以是有野心的，有野心的目标不仅可以让你为目标持续奋斗，还能激发创新思想，找到解决问题的非常规方法。比如你想：

- 职业角色：提升技能，5 年内成为本专业的高手；
- 创业角色：为未来的事业赚取启动资金 100 万；
- 父亲角色：买一栋比现在大 2 倍的房子，让孩子有更好的生活环境。

第二步，把你最想实现的目标它写下来，过几天再回头审视，这个长期目标真的是你愿意付出艰辛努力想达成的吗？写下来还有一个好处是：随着时间的推移，目标容易淡出视野，用工具将目标记录下来（并放在显眼的地方），可以不断提醒目标的存在。

二、将长期目标分解为短期目标

一个合理的长期目标既是具体的，也是有一定难度的。容易达成的目标不能发挥目标的激励作用，而目标如果不够具体，具体实施起来就会不知所措，容易胡思乱想，找借口拖延。比如你定的长期目标是减肥，一个具体的目标就是每月减 3 斤，可以再分解成周目标，周目标分解为日目标，最后的日目标要落实到行动指标、执行步骤中，比如每天跑 5000 米。

我们说长期目标要多想想“为什么”，可一旦分解到短期目标，就要多想想“怎么做”，规划更具体的内容。提前预想更多的细节，能帮助我们完成困难的、生疏的和时间周期很长的任务。

心理学家丹·韦格纳和罗宾·华勒切尔做过一个喝咖啡试验。要求一半的实验者用普通杯子喝，而另一半的实验者用一磅重（1 磅约等于 454 克，现在看来并不重，但在这个实验的年代，1 磅的杯子算非常笨重的）的杯子喝。然后问他们喝咖啡的体验，用普通杯子的实验者会赋予咖啡更多的抽象意义，比如喝咖啡可以醒脑提神等。而用笨重咖啡杯的人则描述得很具体，包含很多细节，比如要握紧把手，将杯子小心地放到嘴边等。通过具体地思考“怎么做”，能帮助他们从奇怪的杯子里喝到咖啡，而不至于将自己烫伤。

三、规划时间

很多人不行动的借口通常是：我没有足够的时间。事实上，我们表面看起来真的很忙，但忙可能只是借口，缺少时间是因为动力不足或没有安排好轻重缓急。依据二八法则，80% 的产出由 20% 的工作决定。我们必须为那些重要的核心事项留出足够的时间，并且在时间规划时一定要有截止时间，如果没有截止日期，这个事情就会拖延，可能永远都处于待办事项中。时间规划就是将短期目标置入行事历中。行事历可以用日历软件，或者纸质的每日要事簿等，刚开始时，不要定太多的任务，3 件左右必须完成的任务即可，一旦定下后，就要严守规则，确保完成。

四、核查目标

至此，你已经有了一张目标清单，要看看它是不是合理，可以根据 SMART 原则来检验。SMART 原则是“二战”后，企业用来提高员工积极性和竞争力而采用的一种目标管理方法，其具体含义为：

- Specific：具体的。不能模糊地说我要减肥，得有具体的措施。
- Measurable：可测量的。目标是否完成的标准是可以衡量的。
- Attainable：可实现的。我们说好目标需要一定难度，但也不能好高骛远，制订根本不可能实现的目标。可实现的意思就是制订的目标是我们可以努力跳一跳能够得着的。
- Relevant：相关的。不是独立的目标，而是实际的，跟其他目标相关的，特别是有助于达成终极目标。
- Time-based：有明确截止期限的。要有时间表，一周后、一月后、一年后达到什么程度。

关于 SMART 原则的具体应用，MBA 智库网站有位网友举了个生动形象的例子：你原来 1000 米跑步成绩是 3 分 30 秒，你想在 3 个月后进步到 3 分 20 秒，那么 S 是指 1000 米跑步；M 是指进步 10 秒；A 是指进步 10 秒是比较现实的，可以接受的，进步 30 秒就是不现实、无法接受的；R 是指为了进步 10 秒你要安排一些其他的相关性目标，比如要有跑步练习场地，比如每天安排跑 2 次 1000 米，也就是指实际性，如果没有练习场地，那么就是不实际的；T 就是指三个月后取得进步。

五、跟踪执行，反馈调整

目标制定好后，及时跟踪是必不可少的，这样才能形成闭环。一个高效的反馈闭环，能帮助我们快速进步。很多人有写日记的习惯，但大部分人的日记可能只是起到记录的作用，很少去深刻反思当日的所思所做。我认为一个能促进学习和进步的日记至少包含两个要点：

（1）当日成功 这个成功可以是阶段性的大事件，更包括每天有意义的小赢（small win），这些小赢能保持我们的高动力，给大脑奖赏并刺激大脑活跃，保持高效运转。

（2）当日反思 反思是需要刻意训练的。这种刻意反思，是对我们当日做的事情总结加工，提取经验，存入认知库。如果不反思，之后我们遇到以前没有处理好的问题，可能还是老方一贴，仍然做不好，这也是有些人工作了很多年，进步缓慢的原因。反思是理智行为的标志，智慧除了汲取别人的，还有一个重要途径就是从自我反思中总结。

除了每日记录跟踪外，还要以周为单位做小总结，以月为单位做月度总结，每季度有一个大的总结和反思。对重要的工作，做完后都要复盘，哪些地方做得好，列出具体的三个，哪些地方做得不够好，找到两个“短处”，这就是“三长两短”复盘法。通过检查进度、过程复盘，排除执行中的“瓶颈”和障碍，能让我们吸取经验教训，更快地成长。

无论多合理的目标都不可能百分之百实现。但做计划要比计划本身重要得多，制定目标的过程也是一个自我评估和对未来预测的过程，一个目标不管看上去多合理，在具体实施过程中总会碰到一些不可预见的问题。如果你定的目标能全部完成，可能是设定的目标太简单，太看重“表现”，而一个具有一定难度的目标，才能激发潜能，让你取得进步。心理学家多年的研究发现具有一定难度又很具体的目标更能帮我们实现愿望。

六、OKR（目标与关键结果）

最后，再介绍一下近几年在科技界流行的OKR，OKR由Intel（英特尔）发明，是一套明确跟踪目标及其完成情况的管理工具和方法，对于个人制定和实施目标也具有意义，能够让SMART这个原则更接地气，更具有实操性。

OKR分两部分，O就是Objectives（目标任务），而KR就是Key Results（关键结果）。OKR的核心就是从自身战略出发，明确目标，聚焦关键成果，将战略清晰地传达给每个员工。对于个人而言，我们经常想的和做的并不一致，OKR也可以帮我们做到思想和行动统一，保持专注。

其中Objectives（目标任务）不一定是明确可衡量的，比如“我要跑步”就是一个目标，但其中的关键结果必须可测量，有具体的数值，比如为了健康，今天要比昨天多跑，多跑就很模糊，用今天比昨天多跑200米这样精确的数字表达形式，更有可能帮助我们实现目标。

总之，一个好的目标，**既是具体的，也是有一定难度的。**在设定长远目标时多问几个“为什么”，从更大更广的图景去思考，让我们更有动力实现目标和阻止诱惑。而短期目标，则专注于具体的细节，多思考怎么做的具体步骤，关注细节也有助于我们应对困难、生疏和需要很长时间才能完成的任务。

02 / 激励机制：获得源源不断的动力

心理学家爱德华·戴西说“动机是行为的能量源泉”，我们做一件事情源于正确的动机。具体行为是果，而动机是产生这个结果的因。我们的动机都受哪些因素影响呢？在讨论这个问题前，我们先来复习一下物理学中的牛顿定律。虽然人具有思想和意识，跟物体运动不太一样，但牛顿经典力学定律还是有启发意义的，这也符合我们用第一性原理解决问题的方法。

牛顿物理学第一定律的内容是：“运动的物体会保持匀速直线运动状态，而静止的物体会保持静止状态，除非有一个外力作用于物体才有可能改变物体的当前状态。”

由这条定律我们可以推导出改变物体运动状态的三种方法：①让静止的物体运动；②改变运动物体的速度，让其加速或减速；③改变运动物体的方向。

再加上牛顿第二定律：“$F=ma$，物体的加速度 a 跟物体所受的合外力 F 成正比，跟物体的质量 m 成反比，加速度的方向跟合外力的方向相同。”

然后将牛顿定律的结论迁移到个人行动中，个人的行动也受三种力的作用。①阻力：改变的阻力，比如满足当下的惯性和与进步方向相反的其他外力。②拉力：外界的激励，类似于胡萝卜，可理解为外部拉力，也包括自身兴趣带来的内部牵引力。③推力：推力通常源于压力，类似于大棒，比如家庭给予的厚望。

推力太大会击垮个人，而拉力则不会。拉力能够掌控前进的方向，而推力则比较被动，推过独轮车的人都有体验，非常难控制方向，而如果倒着拉，车则会乖乖地跟着你走。因此尽量通过拉力拉动自身进步，不要依赖推力，推力是被动的，通常源于压力，压力太大对身体有害。

这三种力形成合外力，若合外力与我们前进的方向相反，即拉力 + 推力 < 阻力，则不会前进，甚至还会倒退。而如果合外力与我们前进的方向一致，即拉力 + 推力 > 阻力，则会进步，进步程度跟合外力作用时间及大小有关，这个力越大，进步速度就会越快。

那如何增强这个合外力（以后我们用动力来代替）并长期保持呢？我们需要依赖外部拉力和内部牵引力，而这两种力有一个共同特征是，都可以靠奖赏激发。外部拉力源于外部奖赏，内部牵引力源于内部奖赏。

◆ 内部奖赏与外部奖赏

这里我们说的奖赏是一个很宽泛的概念，包括金钱奖励、他人的赞扬和鼓励，以及让我们感觉好的和让我们感觉不那么坏的任何东西。好东西是奖赏容易理解，而让我们感觉不那么坏的东西，比如感冒时感冒药就是一种奖赏。根据奖赏是来自外部还是源于内部，我们将奖赏分为内部奖赏和外部奖赏。

内部奖赏：行为本身就是奖赏，可以从过程中获得。比如你喜欢跑步，跑步过程就是你想要的奖赏，你能从跑步这个活动中获得愉悦，这个愉悦就是内部奖赏。如果你爱好学习，喜欢探索知识，那么学习这个活动本身也就是追求的奖赏。

外部奖赏：除了行为本身外，任何其他的奖励。如果你跑步是为了让身材变好，让别人羡慕，或者想要获得他人的夸赞，这就是一个外部奖赏。同样的道理，如果你学习是为了炫耀，为了获得好的成绩赢得奖学金，或者迫于环境的压力去学，这都是外部奖赏，这样的行为通过外部诱因才能发生。

我们看到外部奖赏依赖结果，在过程中无法获得，这就是外部奖赏和内部奖赏的最大区别。外部奖赏看重的是结果，内部奖赏则看重过程，如果你在做一件事情的过程中就很开心，那就是内部奖赏带来的内部动力在激励你。

研究发现，如果你对一件事情非常有兴趣，本身就有很强的内在动力，那么外部奖赏反而会削弱你做事的欲望。心理学家马克·莱珀、大卫·格林和理查德·尼斯比特想知道孩子从玩具中选择马克笔，并能用此画多长时间。他们将 3 到 5 岁儿童分成两组。在他们玩耍时，向一组孩子宣布，用马克笔绘画会让他们赢得“优秀小玩家”的奖励。结果也在意料之中，在这个奖励的刺激下，孩子们用了更长的时间画画。看来奖励确实能够增强动力。

几周后心理学家回访时，有趣的现象出现了，心理学家发现那些以前获得过奖励的孩子们如果不再给他们奖励，他们对画画就没有兴趣了。外部奖励破坏了孩子的内在动力。而另一组从来没有被奖励过的孩子，则为画而画，内在动力完好如初。

但如果你本身没有多少内部动力，那外部奖赏就能增强内部动力，甚至当这个外部奖赏消失时，你的内部动力仍会持续拉着你前进。如果有一个你并不喜欢但不得不做的任务，也就别无选择，只能依赖外部奖赏带来的外部动力。

内部奖赏和外部奖赏并不是对立的，他们都能激励我们前进，我们愿意做一件事，通常既有内部奖赏又有外部奖赏，在这种情况下，去掉任何一种奖赏，行为就不会再发生。比如你喜欢学习英语，但你也希望获得一个证书，假如有一天，国家不再颁发这个证书，那么你可能就不想再学英语了，因为想要获得证书的外部动力没了。

如果外部奖赏一直持续，就能导致行为永久改变。一个非常典型的例子是，很多人为了赚钱养家，在一个不喜欢的工作岗位上干了十多年。所以我们看到，外部奖赏能够提供动力，让我们长期持续地做一件事。那么内部奖赏也有同样的效果吗？

◆◇内部奖赏能让行为长期持续吗

既然外部奖赏能导致行为改变，那么内部奖赏能让行为长期持续吗？美国心理学博士 Scott Ryan 通过观察人们照顾流浪狗的行为，获得了一些结论。

Scott Ryan 非常喜欢狗，他报名参加了一个收留所照顾流浪狗的活动。他观察到很多报名照顾流浪狗的志愿者，两个月后就很少参加活动了。

这个活动周期是按月规划的，如果下个月还想参加，就需要在月底补签协议。Scott Ryan 还发现，总共有 19013 名志愿者，但只有 7% 的人会续签第二个月的协议。这里志愿者都是自愿报名的爱狗人士，我们可以认为做这件事的主要动机是内部奖赏带来的。这说明光靠内部奖赏（照顾流浪狗获得的成就感）很难让人们持续一个月。

而这些志愿者即使完整参加一年的活动，也只需在照顾流浪狗这件事上花费 52 小时。对照另一组数字，那些在收留所工作的职员，每年要花在照顾流浪狗上的时间是 1789 小时，是志愿者的 34 倍。志愿者的行为源自内部奖赏，而工作人员则是外部奖赏，这些工作人员可能也很喜欢狗，但如果不给他们报酬，也许就跟志愿者一样，一年 52 小时都坚持不下来。

为什么内部奖赏不持久呢？因为随着时间的延续，人们会习惯化。我们天性追求好奇，喜欢刺激，一个刚开始很有激情的事，持续一段时间后，就会厌烦，不再感到刺激，对外界的反应越来越小，内部动力慢慢消退。

心理学家研究还发现，人们有一个幸福设定值，它是天生的或是受环境长期影响形成的。一些重大事件会让我们的设定值上下波动，但这些影响只是暂时的，我们会在比较短的时间内回归到基准线。比如有些中了彩票大奖的人，起初非常开心，但随着时间的延续，中大奖的兴奋感就慢慢消失，生活也恢复到跟中彩前相近的水平。

如果一个人都用以往的经历衡量所有事情带来的幸福程度，那么即便是最令人开心的事情也会渐渐成为未来事情的新的衡量标准，从而失去它自身的效力。彩票赢家会渐渐适应中彩的快感，这些金钱所带来的幸福感逐渐会变得没那么强烈。同样，如果一个人性格是乐观向上的，有很高的幸福感，那么即使他遭遇了重大的打击，比如因意外事故而瘫痪，一段时间后，他也能恢复到比较高的幸福水平。这就是强大的习惯化带来的结果。

那如何避免习惯化，一直处于较高的动力水平呢？

游戏化是一种解决方案。我们玩游戏很少厌烦，连续几个小时都很兴奋。为什么呢？一款让人上瘾的游戏能够打破习惯化，保持在一定程度上的随机性和挑战性。在游戏中，挑战成功一次，人物等级就提高一级，就可以去挑战更难的任务。游戏化的关键是，不要一开始就挑战很高的难度，那样会吓跑初学者。入门级别应尽可能简单，每次小赢能促进玩家接受下一步更难的挑战，有一定难度的任务成功后就会激发更强的动力，完成更有难度的任务。

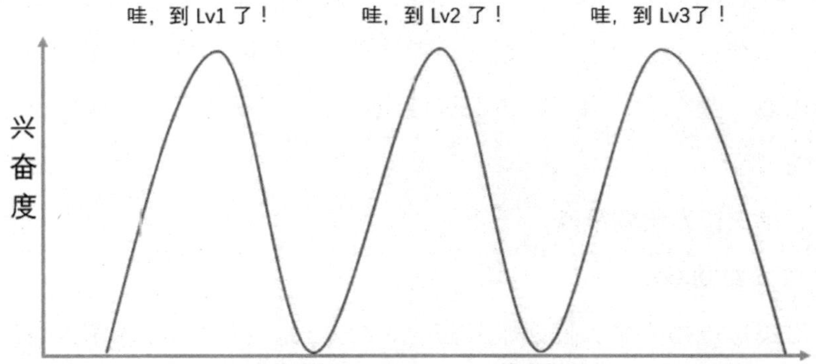

图 5

现在有些在线课程的设置就用了游戏化的策略，将一个系统课程拆分为难度不同的等级。每一级分为几个小节，完成一小节就有积分，完成一大级会奖励一个勋章，如此，就像玩游戏一样，激励着学生继续学习。

现在我们知道了，如果一个人本身非常喜欢学习，具有自主学习的动机，那外部奖励对他的影响不大。而要让一个本来不喜欢学习的人开始学习，就得借助外部奖励启动。比如一个小孩子，非常讨厌背单词。家长可以给出这样的奖励，每个单词 1 个积分，每天记住 10 个以上，就能获得积分奖励，定额积分能够兑换奖品。随着小孩子能力的提升，难度和奖励也可以随之增加。于是小孩就有了背单词的动力，等他养成每天背单词的习惯后，就喜欢上了记单词。

研究也发现，内部激励的有效时间很短，通常不到 1 个小时，所以，如果一个任务花费的时间在 1 小时以上，就要考虑引入外部奖赏。比如拥有让别人羡慕的身材就是外部奖赏的激励，它能既让我们每天多吃蔬菜，还能让我们走进健身房。

◆ 有效的外部激励策略是什么

行为科学告诉我们，在理解人类本性的基础上可以更好地设置奖励和激励制度。常见的行为有两种：一种是单次行为，很长时间内只做一次的行为，比如关注一个特定的公众号就是一个单次行为。还有一种是重复行为，短期内不断重复做的行为，每天跑步保持健康就是一个重复行为。两种行为有不同的激励策略：

一、单次行为奖励策略

1. 放大奖励感知

要对单次行为奖励，例如，关注一个公众号，货币刺激通常很有用。行为科学家建议，要放大这些奖励的感知，让人们觉得这个奖励非常大。具体来说，关注公众号的这个活动中，最好不要平均给每个关注者相对较少的钱（如 10 元）。而是在关注后举行抽奖，比如一等奖 1 万元，中奖率是千分之一，获奖人数随着总参与人数增加。本来大家关注公众号的期望值是 10 元，但人们会高估小概率事件，都认为自己有很大的可能性可以中那个万元大奖。

2. 将货币超额化

有时直接发货币并不是好选择，但将数字货币具体化，比如换成现金或者是经常会给人造成更强的心理感知的物品。比如很多公司年底发奖金，会从银行取出现金发放，人们对数字感知是抽象的，将5万元直接转到银行账户感知并不明显，但是现场直接发放5叠百元大钞就相当明显了，放在包里也鼓鼓的。

这还没有完，年底晚会抽奖就不能再发现金了，已经用现金刺激了一轮，敏感度下降了，聪明的公司用实物做奖品。比如苹果手机、电子书阅读器、家用电器等。经常看到那些拿着5万现金奖励的员工还羡慕获得苹果手机的员工，在大家的心中，此时1个苹果手机的价值远大于购买它所花的钱。

同样的道理，如果要奖励小学生获得了好成绩，不要给现金，给他一直期待的礼物。这里说明一下，将货币具体化并不一定是实物，可以是服务，有时候服务甚至要比实物更有效，比如有的公司对优秀员工的奖励就是出国旅游。

二、多次行为奖励策略

多次的行为比如说是每天登录APP、坚持锻炼和节食达到减肥等。这些需要重复执行的行为，上面单次的策略就不灵了。用单次行为的奖励策略不但成本太高，效果也大打折扣。你不可能每天给登录用户10块钱让他登录网站，长期给员工固定奖金效果也不明显。

因为要通过锻炼和节食来减肥，需要很强的意志力，而且还会让人不舒服。跑步让你膝盖疼痛、肌肉酸胀；节食让你不能吃自己喜欢的东西。更不幸的是，它需要几周、几个月才能看到明显的效果。人们喜欢即时反馈，期待马上就有效果，单纯凭意志力坚持是不可能长久的。所以我们看到，很多人减肥失败了。

1. 阶段化奖励

行为科学家的建议是：**对于需要重复执行的行为，要用阶段化的奖励来**

填补这段没有效果的空白。在开始伟大的减肥事业时，你规定每天的行动，比如跑步10分钟，坚持1周，给自己一个小奖励，坚持1个月后再发一份比较大的奖励。

而对于那些重复性的工作，发年终奖并不是最好的激励，而应发季度奖或者月奖。每个季度发1万元的激励效果远好于年底发5万元的效果。也不要每个月固定1万元，用一定的评测手段，发不同的奖金额度。

2. 随机性和不可预知的奖励

有人说，让一件事情做起来有趣就不需要激励了，人们喜欢有趣的活动。比如斗地主这个游戏，很多人都喜欢玩，而且连续玩几个小时都不会感到无趣。但如果每次都给你一样的牌，你还会玩吗？差不多3次后，你就不想再玩了。斗地主游戏之所以好玩，是因为你手里每次的牌都不一样，每次出牌的顺序也是不同的。**有趣是建立在一定的随机性和不可预知性上的。**因此可预知的有趣也就是无趣。

现在我想你也理解为什么相声小品的编剧那么重要了吧。有趣的相声，第一次听，你会哈哈大笑；第二次听，你会微微一笑；但无论多好的相声，连续听3遍也就不好笑了。

那么，问题来了，为什么李谷一的《难忘今宵》每年春晚都来一遍，还不使人厌烦呢？我认为歌曲引发的是我们的回忆，是对过去情绪的再次播放，同样的一首歌，在不同的情境下，可能会勾起我们不同的回忆，而美好或者难忘的记忆谁不想多回想几次呢？

很多时候，不是因为喜欢才去做，而是做了后因为成就感就喜欢上了。以后想学一个新技能，碰到一项新任务时，先不要急着否决，而是试一试，你可能就喜欢上了它，逐渐由单纯的外部动机驱动转到外部动机和内部动机共同驱动，养成一个好习惯。

◆ 多问“为什么”更有动力

除了奖赏让我们有动力外，还有一个能促进我们做事的动力就是意义感，我们“为什么”行动。从为什么开始，由本质出发，才能激励每个人行动。这就是领导力哲学第一人西蒙·斯涅克（Simon Sinek ）发现的黄金圈法则。

假设有一天你穿越到明代，看到一群人在修长城，一位石匠在辛苦劳作，你上前问他：“你喜欢这工作吗？” 他头也不抬地对你说：“好像自打我记事起，就在砌这堵墙，夏天有烤人的太阳，冬天有凛冽的寒风，我每天扛着这死沉的石头，脊梁都快断了，我都不知道这辈子能不能把这活干完。但我要服劳役啊，家里只有我一个青壮年。”你感谢他后继续往前走。

在 20 米远处，遇到了第二位石匠，你问了相同的问题：“你喜欢这工作吗？”他抬头看看你说：“我热爱这份工作，我在修长城呢。自打我记事起，就在砌这堵墙，有时候是挺单调的，夏天有烤人的太阳，冬天有凛冽的寒风，我每天扛着这死沉的石头，脊梁都快断了，我都不知道这辈子能不能把这活干完。可是，我在修长城啊，修好了，我们的后代就不会有战争了。”

两个石匠做的事情一模一样，不同的是，第二个人知道“为什么”，这让他对整个工作的看法都变了，做事的动力更强，使他更为高产，他认为当前的工作是自己的事业。如果有其他的选择，第一个石匠肯定会走，而第二个石匠因为有使命和目标，就会留下来。

在工作中，同样是给钱这个外部奖励，有意义的就比没意义的干得更好。所以有些医院将打扫卫生的不再称为清洁工，改叫“健康安全组”“环境健康员”，他们不是在清理医院的各种垃圾，而是在给患者创造一个健康整洁的环境，他们的工作和医生同样伟大，是在救患者的命！

◆ 追逐成就感而非快感

我们人体能够分泌一种叫作多巴胺的化学物质，它是一种神经传导物，能够传递兴奋与开心。爱情就源于身体产生了大量多巴胺。其作用机制是期待奖励，而不是获得奖励。这就是为什么我们在未获得一个特别想要的东西时比获得了它更兴奋。多巴胺带来的快感源于期待。

多巴胺类似于大棒，是一种推力，推动你追求快感。由此带来上瘾，让我们欲罢不能，上瘾并不兴奋，而是痛苦的。在恋爱中，思念对方是甜蜜的，也是痛苦的。而玩游戏上瘾的人，并不是从玩游戏的结果中得到兴奋（比如人物角色升级，捡到了装备等），而是对追求人物升级这个过程上瘾，他们期待升级后能让人物的武力值更高，有更厉害的装备。而当他们达到了这个结果后，反而开心不起来，甚至有一种失落感。“不就那么回事儿”“花了半天时间打出这么一个破玩意儿”，这可能是玩游戏一段时间后很多人都有的感觉。

大脑还分泌一种叫“内啡肽”的物质。内啡肽类似于胡萝卜，是拉力，拉着你去追求成功的感觉。此外，内啡肽还能调节不良情绪，调动神经内分泌系统，提高免疫力，缓解疼痛，激发你年轻快乐的状态。在激发动力上，内啡肽要比多巴胺更有效、更持久。人们常有“七年之痒”一说，就是因为感情到了七年后，新鲜感消失，见了对方也不产生多巴胺了，没有了激情，进入一段危险期。如果这时候能找到共同目标，相互帮助，让身体分泌内啡肽，就可以安全度过这段危险期。

而学习和运动恰能促进内啡肽的生成。冥想、静坐和深呼吸也都有助于内啡肽的分泌。内啡肽比多巴胺更难获得，是体力和精力的双重付出后获得的奖赏，也能给你带来持久的成就感和满足感。因此，如果你想要有持久的动力，就得努力让身体分泌内啡肽，追求成就感，通过不断获得“小赢”帮助身体产生更多的内啡肽。

◆◇ 培养内部动机的策略

我们说通过奖励惩罚这样的方式是以外部刺激的方式激发动力，这在短时间内非常有效，也很诱人。但从个体发展及幸福角度来说，如果没有将外部动机“内化”，发展出内部动机，则会影响个体表现和成长。

心理学家爱德华·德西（Edward Deci）和理查德·瑞安（Richard Ryan）的自我决定理论研究什么促使人们做出选择。该理论假设人类天生对学习和拓展知识感到好奇，认为自主性（对事物的控制感）、胜任力（处理具有挑战性任务的能力）和关联感（有归属感）是培养做正确事情时所需的内在动机的关键要素。

那么怎么做才能帮助我们培养内在动机所需要的自主性、胜任力和关联感呢？以下是四个关键策略：

1. 给出选择的权利

对个人来说，不要强行安排，给出一些选项就能获得一种自主的掌控感，会增强内在动力。有时候甚至是微不足道的选择或者虚幻的选择，也能让我们体验到自主决定的感受。比如有的软件安装时会弹出一个协议书，让你选择同意还是拒绝，其实如果你想用这个软件就必须选同意，也没有其他的选择。但如果软件默认同意，没给用户选择的权利，用户没得到尊重，体验感会大打折扣。因此，我们发现，是否有真实的自主选项并不重要，关键是让我们认为有自主选择的感受，我们都愿意将命运掌握在自己手中，哪怕它是虚幻的。

2. 允许追求激情和兴趣

那些最有成就感和活力的人，通常都源于他们在初中或高中就在做/追求喜欢做的事情。只要有机会，许多学生就能发现他们突出的能力和兴趣。允许他们追求这些兴趣，也可以帮助他们把在学校学到的东西和课堂外的生活联系起来，这会促使他们产生想要学习更多和深入体验的愿望，或许还能创造出他们的个人和学术成功之路。

而谷歌有一个“20%时间”，就是允许每一位工程师都可以花20%的时间去开发感兴趣的项目，不管这个项目与平时的工作有没有关系。这让谷歌的员工更具有创新性，很多优秀的项目都源于这个政策。比如 Gmail 和 Google News，以及曾经占 Google 25% 收入的明星产品 AdSense，都来自这特别的“20% 时间”。

3. 鼓励积极地联系

我们都有爱与被爱的需求，因此我们要交朋友，期待父母亲人的关怀。我们能从更多积极关系中获得归属感。积极心理学之父马丁·塞利格曼就认为幸福感由 5 个因素构成，其中之一就是良好的人际关系（其他四项为：积极的情绪、投入、意义与目的、成就）。

4. 重新思考设定目标的策略

就是从初心开始，多问几个“为什么”，给平凡的事找到更宏大的意义。得克萨斯大学心理学教授大卫·耶格尔（David Yeager）发现，那些有学习目标并把学习跟对世界产生的积极影响联系在一起的学生，在本质上更有动机积极参与他们的学习过程。

5. 将完成后的奖赏，变成一种自我激励的习惯

我们谈到了两种奖赏，内部奖赏和外部奖赏，内部奖赏能从任务过程中获得，而外部奖赏由结果获得，我们做一件事，通常是由内部奖赏和外部奖赏同时驱动的。

如果没有内部奖赏，就必须利用外部奖赏，通过外部动机激活内部动机，让两种动机同时激励着我们。有很多种可利用的外部动机和工具，将事务游戏化能够让我们的动机维持在一个较高的水平上，金钱奖励也非常管用，可以改变和维持行为很长一段时间。

如果根据自身职业发展，有一些技能知识并不喜欢但又不得不学，别急着否决，先试一试，然后再设置外部奖赏。比如完成后放个假出去旅游一趟，并以游戏化的心态来执行，养成一种习惯。

03 / 终身成长：内求确定性

2015年，多丽塔·丹尼尔斯（Doreetha Daniels）在加州圣塔克拉里塔的峡谷学院获得了社会科学大专学位。但丹尼尔斯这位学生可不一般，当时她获得学位时已有99岁了。丹尼尔斯说，她修这个学位是为了提升自我，她花了六年时间来修学位，以证明她的学习意志、承诺和决心。

◆终身学习是一本万利的投资

对于学习，我们古人非常重视，所谓“朝闻道，夕死可矣”“学而时习之，不亦说乎”谈的都是学习。在当下信息爆炸，增量知识越来越多的时代，学习成了一个想要获得进步的个人日常活动。从认知角度来讲，我们学习新的知识是为了探索世界，满足好奇心；而从现实角度讲，学习新知识、新技能，能够让我们找到更好的工作，获得更高的收入，并在激烈的竞争中获胜。管理大师阿里·德赫斯（Arie de Geus）就说：“唯一可持续的竞争优势就是比你的竞争对手学习速度更快。”

《神经学》上有一篇报告指出，学习活动能推迟阿尔茨海默病患者症状的发作，而学习演奏一种新乐器可以减缓认知衰退，学习还有可能延长寿命。99岁的丹尼尔斯或许知道了这个道理。我们每个人生下来，除了受到遗传因素影响，另一个改变命运的最大因素就是学习，只有不断地学习，才能让你变得独一无二，终身学习是“一本万利”的投资。

如果将人看作一棵树，学习力就是树的根，也就是人的生命之根。我们评价一个人在本质上是否具有竞争力，不是看这个人在学校时成绩的好坏，也不是看他的学历有多高，而是要看这个人有多强的学习力，这是哈佛大学校长讲的树根理论。在学习如何学习前，我们要抱有这样两个坚定信念：

- 你能学会任何想要学的东西；
- 学习能力不是天生的，是可以培养的 。

有这两个信念后，我们就要对学习进行投资。虽然学习是“一本万利”的投资，但只要是投资，就得讲一些策略。安德鲁·亨特在《程序员修炼之道》一书中就总结了对学习的投资组合策略。他说管理学习要像管理金融投资组合一样，我们一生中学习时间是屈指可数的，既要定投（定期投资，让学习成为一种习惯），也要明智选择投资对象。下面是四个具体建议：

1. 要长期成功，投资多元化是关键。

不要只会一样技能，多学几个技能才能平衡风险。

2. 在保守投资和高风险高回报投资间保持平衡。

精进当前技能，是一种保守投资；跨界学一个新的技能，就是高风险高回报投资。

3. 设法低买高卖，获取最大利润。

学最新的，当下最稀缺最有价值的知识和技能。

4. 周期性评估和平衡你的知识资产。

经常评估你的知识资产，最大化你的资产价值，高效的学习就是用最少的成本获得最高的收益。

有了投资策略，选择了一个特定目标后，具体该如何学习呢？请看下面这 12 条：

1. 寻求指导（Seek out instruction）；

2. 写下一个计划（Write out a schedule）；

3. 设定各阶段目标（Set goals）；

4. 专注（Concentrate）；

5. 放松，慢慢练（Relax and practice slowly）；

6. 遇到难的部分就多花时间练（Practice hard things longer）；

7. 边练习边用你的方式去表达（Practice with expression）；

8. 从错误中吸取教训（Learn from your mistakes）；

9. 不要显摆（Don't show off）；

10. 为自己着想（Think for yourself）；

11. 要乐观（Be optimistic）；

12. 寻求与其他技能之间的关联（Look for connections）。

这12条建议出自1996年出版的一本书《*Wynton's Twelve Ways to Practice：From Music to Schoolwork*》，你可能也猜到了，这是学乐器的方法论。但所有技能的学习不都是这样的吗？

◆学会跟学精大不同

我们每个人都会很多技能，从小时候摇摇晃晃开始学走路，到长大学会了算术，学会了做饭，学会了开车。如果一个技能的满分为100分，达到60分就算学会了，我们就已经可以用这个技能合格地完成任务。大部分技能只做到60分确实就够了，但是只有60分的技能，就是一个业余选手，只能自娱自乐，自给自足，没有交换价值。做饭60分，只能自己做自己吃；烧制的陶瓷杯子60分，自己喝水都觉得丑，没有人愿意为业余水平付费。

所以除了学会很多基本的生活技能，我们还得精通几样东西，成为这些行业的专家，用专家技能获得的收入去换取其他专业技能生产者提供的产品与服务，这样才能让我们的生活越来越好。

怎样才算精通呢？做到 95 分才算精通。从 60 分到 95 分，虽然只增加了 35 分，但却需要花达到 60 分的 10 倍时间精力，甚至还要更多。对大部分人来说，只要肯下功夫，95 分还是能达到的。但再想往上从 95 分到 100 分，就不是仅靠用功努力就能实现的，做到完美需要一定的天赋。

作家格拉德威尔《异类》中有个一万小时定律，他说，那些成就非凡的人物，都是付出了持续不断的努力，他们从平凡到成为世界级大师都花了 1 万小时的锤炼。

学会一样东西，也就是达到 60 分，只需 100 小时或者更少；而要学精一样技能，达到 95 分，可能要花 1000 小时以上；而到 100 分，做到完美，至少要花 1 万小时，这 1 万小时还只是必要条件，如果没有天赋、没有周围环境的配合，即使花了 1 万小时也不能成为大师。

因此，我们将要学的技能分两类，一类只需学会，以能熟练运用为目的；另一类是精通，成为该技能的专业人才，能解决这个领域其他人解决不了的问题。这一节的内容是如何快速掌握一个技能，下一节是怎样精通一个技能成为专家。

◆◇自动化运行才算“学会”

怎样才算学会呢？我认为学会一个东西的标志就是这个技能的自动化执行。假如你考过驾照，会有这样的体验：当你刚学开车时，需要全神贯注地盯着前方，油离（油门和离合）配合不到位，经常会熄火。

但是你学会并开了一段时间后，这些动作就自然发生，你甚至还可以一边开车一边跟副驾上的人聊天，前面碰到红灯，你根本不用想，脚自动从油门挪开踩下了刹车，这就是自动化。达到自动化后，只需要我们付出 10% 左右的认知资源，让前额叶皮层释放 90% 的资源用来休息或处理其他任务。

你看的这些文字都是我用键盘自动化打出来的，我几乎将全部的注意力用在思考内容上，而不用去理会键盘上的字母，只要想好了内容，手自然就敲出来。那如何达到这种自动化的水平呢？我认为通过下面 5 点可以实现：

一、空杯心态

你可能注意到，小孩子学东西要比成年人快很多，那是因为小孩子的大脑神经元不受已有条条框框的限制，能自由连接。我们成年人要快速学会一样技能，也应将以前关于这方面的知识清零，以空杯心态去学习。

说到空杯心态，我跟你讲一个故事，这个故事你以前可能也听过。在古时候，有一个佛学造诣很深的人，他听说某个寺庙中有位德高望重的老禅师，就去拜访。禅师的徒弟先接待了他，他态度傲慢，心想：我是佛学造诣很深的人，你算老几？ 后来老禅师十分恭敬地接待了他，并为他沏茶。可在倒水时，明明杯子已经满了，老禅师还不停地倒。这个自以为有很深佛学造诣的人不解地问："大师，为什么杯子已经满了，还要往里倒？"大师说："是啊，既然已满了，干吗还倒呢？"禅师的意思是，既然你已经很有学问了，干吗还要到我这里求教？

我们学东西，尤其对所学东西比较熟悉时，往往会有这个拜访僧人的心态，总觉得自己已经学会了，请教老师是看得起他，是给老师面子，不但不谦虚，还会想办法批判和反驳老师说的。这里的"老师"这个词是泛指，可以是一个人，也可以是一本指导书、一个视频等。

批判和反驳当然是需要的，但在反驳前，不妨先清空自己，先按照老师说的做，既然我们打算要学，他们肯定在某些方面超过了我们。清代理学名臣李光地就说得很公正："莫先存一驳他的心，亦莫存一向他的心。虚公其心，就文论理，觉得哪一说是；或两说都不是，我不妨另有一意。看来看去，务求稳当。磨到熟后，便可名此一经。"

他的意思就是说要客观，不要轻易武断地驳斥或接受，而是先认真学，吃透它，然后再去其糟粕，取其精华，形成自己的观点。说起来容易，但做起来很难。这一点小孩子是我们成年人的榜样，保持童真，有强烈的好奇心和开放的头脑。

固守原来的方式是不可能进步的。即使我们已经有了一些经验，但那些经验很可能是错误的。在此分享一个我学乒乓球的经历，我从小喜欢打乒乓球，用的是直拍，当时也没有人教，用野路子的打法打了十多年。一直到大学的乒乓球课上，老师指出我打球姿势不对，说姿势不正确会导致我在扣球时用不上力，失误率也很高。

他努力纠正了我好几次，但由于是从小形成的习惯，我很难纠正过来。于是老师说："我教你练横拍试试。"他教了我横拍打法后，我练了几节课，进步很快，几个我以前直拍打不过的同学，也可以较量较量了。

有时候我们原有的经验对于学一个新东西，不但对提升技能起不到促进作用，还会有副作用，以空杯心态从零开始学习往往是最好的策略。

二、跟着模仿

有了空杯心态后，先跟着模仿。比如你想写一篇能引起朋友圈转发的新媒体文章。那么就先收集一些同主题阅读量和转发量都很高的文章，再总结出文章结构的一些共同特征，然后组织一些素材填充到这个结构中。这样写出来的文章，要比你想半天的自己搭建框架写出来的文章效果好很多。

模仿时，先不要寻找背后的道理，不要问为什么会有效，只管照着做就行。大多数人，总想着要先搞清楚原理后才肯动手，于是迟迟不行动，浪费了大量时间。就拿写一篇自媒体文章来说，如果要搞清楚一篇文章为什么会火，需要掌握的知识非常多，比如说服他人的方式、媒体渠道特征、用户转发心理等。这些知识学个大概，半年可能就过去了。

所以，刚学一个新东西时，先不要深究 Why（为什么），直接从 How（怎么做）开始。古人照猫画虎还有几分像呢，如果我们模仿对象是行业内顶尖的那几个，成功的机会就非常大。

小时候我们都是模仿的高手，想想当初是怎样学会骑自行车的。我们不知道为什么只有两个轮子的自行车骑起来后不会倒，而速度慢下来后就会向两边倒。我们也不知道脚踏板是怎样将力传送到车轮上的。事实上，我们也根本没必要知道这些知识，我们通过模仿就学会了骑车。

再将眼光放远，整个人类也主要通过模仿进步。虽然飞机飞上天已经有100多年了，但直到今天，科学家仍然通过不断模仿和尝试让飞机飞得越来越快、越来越稳。

所以不要钻牛角尖，一定要搞明白背后的原因后才行动，这是成年人学习的一个心理障碍。跨过这个障碍的一个简单方法就是先照猫画虎，开始模仿。

三、变一下，看是否还有效

再用前面学自行车来举例。通过简单的模仿，我们已经可以让车歪歪扭扭地前进了。老师说你想停下来时，一定要先后轮刹车，再前轮刹车。我们发现这样确实能让车停住。但还是会好奇，为什么一定要先刹后轮呢，不能前后一起刹车吗？或者先刹前轮，再刹后轮，能让车停住吗？

你亲自试了试，发现这样做也能让车停住。你就去问教练。教练说，速度慢的时候，这样做是没问题的，但当你骑车速度比较快时，因为车有往前冲的一个力量，先前轮刹车，自行车就容易栽倒。那为什么前后不能一起刹呢？因为我们的两只手的反应速度是不一样的，总有快慢，很难同时刹车，如果前刹车先接触到车轮，就会有栽倒的风险。所以，在开始学骑车时，就要养成先后刹，再前刹的习惯。

通过变一下，看是否还有有效的方式，我们学会了更多知识，对这个技能的掌握也更加灵活。

四、用成就感强化学习

学会后，一定要持续练习加以巩固，将这个技能内化。很多人学会后，好奇心减少，耐心也没了，不愿再花时间练习，过不了多少时间，这个看似已经会了的技能就荒废掉了。

持续地练习是比较单调枯燥的，要不断重复同样的动作，短时间内也看不到明显的进步。因此在练习过程中一定要让自己获得成就感，这种成就感就是一种强化。强化能让我们获得持续练习的动力。

比如你想学编程，不要一开始就想写出一个能稳定运行的程序，而应该是尽快获得正面反馈。反馈既是强化的来源，也能够让我们判断下一步该如何做。对一门编程语言的初学者来说，第一次感到幸福的时刻，可能就是在配置好编程环境，按照指导，屏幕上显示出了第一行代码：

```
Hello World !
```

短短的 10 个字符，是对你前面辛苦工作的奖励。

AlphaGo 能战胜排名第一的人类围棋棋手，其核心也是通过这种强化学习法来学习。即在对弈过程中，当 AlphaGo 走完一步后，人们就给它一个反馈，告诉它好不好，好就是一种正强化，它以后碰到类似的情况，就会采用这个走法；告诉它不好也是一种强化，是负强化，以后它就不再使用这样的走法。这样经过一段时间，AlphaGo 会越来越聪明，能轻松击败人类棋手。

其实对动物的训练也是这样的方式，当动物按照主人要求，做对了，就奖励它，比如给它食物；而做错了，就没有奖励，甚至会受到惩罚。

五、让技能自动化

通过强化学习可以让我们熟练，你可能说熟练一段时间后自然就会自动化，形成肌肉记忆了。确实是这样的，熟能生巧，但还有一个尽快实现自动化的训练方法，这个方法分为 4 步：

第一步：反复做单元练习

将复杂的技能拆解成小单元，熟练每个技能单元。

第二步：让训练变难

让训练过程变难，比如学开车，就从一个坡起步，让训练变难，平路起步容易，但是手动挡要在半坡起步，油门、离合和刹车就需要更精细的配合才能完成。

第三步：增加时间限制

增加时间限制既能迫使我们快速工作，还有助于我们调用工作记忆[工作记忆是大脑非常有限的一种资源，同一时刻只能维持大约 4 条内容，包括内在的（脑内存储的记忆）和外在的（感官输入的刺激）信息]。

第四步：增加干扰

再拿学车举例，不管一个人在宽敞的教练场开得有多熟练，到真实上路时还是会慌张，因为真实的路面会有很多干扰，行人和车流来来往往，路两边可能还会有停车位，都会加重认知负荷。要应付这种状况，在训练的后期就要适当增加一些干扰，比如特意制造喇叭声，路两边放置一些障碍物，模拟真实情境。

如何成为一个熟练的入门者

这一节的内容是怎样学会一个技能，我们的目标是花较短的时间学到 60 分，成为一个熟练的入门者。整个策略是这样的：

第一步是持有空杯心态，有时候，我们以前的经验不但对学新东西没有帮助反而是有害的。第二步就是找到适合模仿的对象，不问为什么，只是按照操作步骤认真模仿。第三步是稍微变一下标准步骤，看是不是还有效，若有效且对后果没什么不利影响，就将这个方法记下来，以后遇到标准步骤不管用时，可以用改变后的方式再试一次。第四步是打造反馈闭环，获得成就感，强化学习。通过反复学习拆解后的技能单元、让训练变难、增加时间限制、增加干扰的方法，让技能自动化，成为一个熟手。

当然，好学的你可能不满足于成为一个入门者，还想在一些领域更进一步，成为一个厉害的人。下一节的内容是如何学精技能，成为行业高手，成为行业专家。

04 / 精进：成为一个厉害的人

如果说学会只是 Know how（知道怎样做），那么学精除了 Know how 外，还要 Know why（知道为什么这样做），对背后的因果关系有清晰的认知，这样才能灵活地应用这个技能。那么怎样精通一个技能呢？

在回答这个问题前，我先跟你分享一个有趣的小故事。1918 年诺贝尔物理学奖获得者马克斯·普朗克得奖后，被邀请在德国做巡回演讲，每次演讲他都会将发明成果即量子力学演讲一番。而在演讲过程中，司机会坐在后面听，所以对他的演讲内容烂熟于心。

有一次，司机对普朗克说："普朗克教授，老做同样的报告，你一定觉得很无聊。我有一个提议，在慕尼黑由我代你做报告，你坐最前排，戴上我的司机帽，让咱俩换换花样。"

普朗克听后兴致盎然，同意了司机的提议。于是司机就为一群专家级听众做了一番量子力学的长篇报告。之后，一位物理学教授举手提问。司机说："我压根儿没想到，在慕尼黑这样先进的城市里还会有人提出这么简单的问题，就请我的司机来回答这个问题吧。"

我们先为司机灵活的应变能力点个赞，后来人们就将那些只靠死记硬背，不能灵活应用的知识称为"司机知识"。

◆专家的表现：可预期稳定成果

我们知道，某一领域的专家肯定有很多该领域的知识，但反过来不一定成立，也就是说，有很多该领域的知识，并不意味着他就是这方面的专家。

专家具有灵活的适应性，能在新的情景对新的问题自如应对。他们不但知道怎么做，还知道为什么这样做，更能清楚地知道在什么时间什么地方用哪些知识。一个适应性专家能够：

知道这些程序为什么起作用以及如何起作用的；

在需要时，能灵活地修改这些程序；

没有已知有效程序时，可以发明新的程序。

也就是说，专家不但能解决一般人不能解决的问题，而且他们完成的质量还更高、更可靠。我们知道，偶尔做成一件事有时候并不难，但要持续稳定地做成别人做不成的事就很难了。德雷福斯在专家等级模型中就说专家的特性是不再依赖规则、指引和准则工作，能直觉地对情形进行深入理解，仅对新异的问题采取分析式手法，具备洞察“其他可能性的视野”。这就是专家的力量，人们愿意为专家付更高的报酬也就是因为他们能给出可预期的稳定成果。

那怎样才能成为一个专家呢？从会做到追求卓越再到成为专家的过程中，能力的提升是因时间成正比增长的吗？答案显然不是。想一想你的打字速度，从学会打字后，也有很长时间了吧，提高了多少呢？我们都知道1万小时定律，但你也可以看到，有的老司机开了20年车了，加起来远超过1万小时，但他们的开车技术还停留在驾校刚毕业的水平，几乎没什么提升。

我们说学会的标准就是让一个技能自动化执行，自动化的好处就是很少再占用认知资源，还能将大部分工作记忆能力释放。但自动化也有一个不好的地方，就是当你觉得自己“闭着眼睛都能……”后，就很难再提高了，到了一个稳定的平台期。如下图：

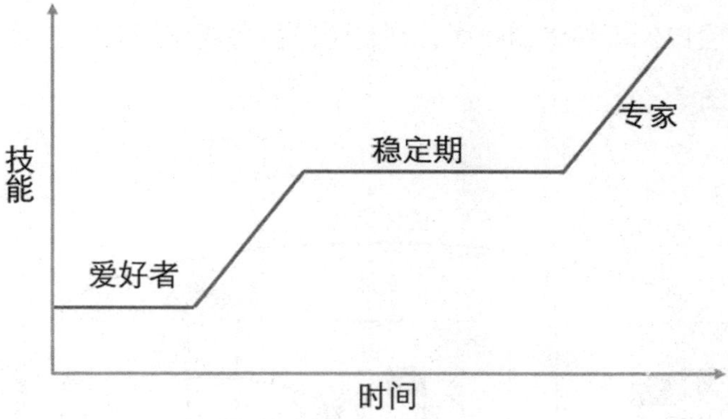

图 6

那如何突破这个稳定期，向成为专家的目标迈进呢？首先要有意识地离开自动化模式，走出舒适区，尝试不同的做法，要敢于失败并分析失败，从失败中学习改进，这个过程就是刻意练习。刻意练习不是简单的重复练习，而是目标清晰、形式明确、行之有效的练习。刻意练习的核心是寻求即时的反馈，获得批判性、建设性的改进建议。它是有意识地从稳定期发展到精通的最佳途径，有时候甚至是唯一途径（后面我们还会谈到另一个有效途径）。

一些人可能对刻意练习的理解并不准确，他们将刻意练习分成了三件事，第一件，在学习区保持练习；第二件，微小改进；第三件，获得反馈。事实上，一个有效的刻意练习应同时满足这三个维度，我们来看如何设计一个刻意练习方案。

◈ 如何设计一个刻意练习方案

一、通过降级实现更深刻的精通

有句话叫作“后退是为了更好地前进”。一些我们已经熟练的技能会处于自动化状态，我们已经习惯了这种方式，再进一步就很难。这时候可以先后退一步到会做但不熟练的阶段，在这个阶段重新练习就能突破原来的“瓶颈”。如下图 7：

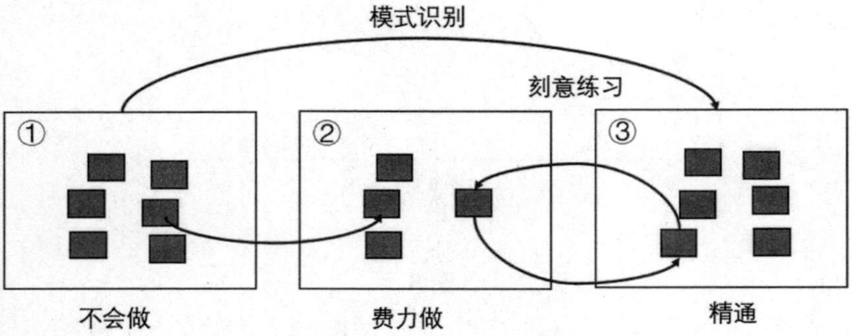

图 7

举个例子来说，我以前打字用的是全拼，到了一定程度，速度就上不去了。后来看到有一种双拼方案，不用投入很大学习成本就能显著提高打字速度。它提高输入速度的原理是这样的：

全拼输入需要将拼音中的每个字母都用键盘输入一次，比如“爽”（shuǎng）这个字，全拼输入需要 6 次按键。而双拼将拼音分成了声母和韵母两部分，声母中除了三个双声母（sh、ch、zh）外，其他都是单声母，单声母与键盘上的字母容易对应。

但一个韵母通常由好多个字母组成，双拼的解决办法是将一个韵母作为整体映射到键盘上的单个字母，所以就得记住每个韵母映射到键盘上的那个字母，比如双拼输入法 uang 映射到键盘上的字母是 l。双拼输入的好处也显而易见，打字时只需按两次键盘，一次声母、一次韵母，爽（shuǎng）用双拼打就是 u+l 。由于输入次数少了，打字速度自然就提高了。

但由于韵母的输入在键盘上没那么直观，所以在刚开始用双拼打字时，会比较痛苦，因为我得去想每个韵母对应键盘上的那个字母，为此，我还打印了一份对照表放在显示屏前帮助记忆。刚用双拼打字时容易出错，速度也会比以前熟练的全拼慢很多。这就是对以前熟练的技能降级处理。但是当我将双拼熟练后，打字速度就比原来全拼提高了两倍以上，通过一个小的降级，然后再熟练，我的打字速度提高了。

技能遇到“瓶颈”不能提升还有一个原因，就是随着技能的熟练，大脑对反馈的敏感度降低。当你学会后就不愿再练习和精进，任凭它自动化，而大脑是个吝啬鬼，总是为了降低自身能量消耗而减少反馈，对外界的细微反应变得迟钝，对外界的变化不再敏感。我们知道没有反馈就不会有提升，而降级就是跳出舒适区，增加反馈的敏感度。

二、刻意练习原则

刻意练习是目标清晰、形式明确的练习，图书策划人 Kathy Sierra 在《用户思维 +》一书中总结了刻意练习应遵循的几个重要原则：

1. 不在阶段②堆积过多的技能

每个人的时间精力都是有限的，如果在阶段②技能过多，我们分配到每一个技能上的资源就会减少，而且这些技能间会互相干扰，让我们不能专心。

2. 精通半个技能胜过很多半生不熟的技能

这个道理大家也能理解，半生不熟的技能是没有生产力的，再多也没什么用处。不过只要你精通半个技能，就可以跟别人合作完成一件事。经济学家伦纳德·里德（Leonard Read）说过，别看一支小小的铅笔，没有任何一个人知道怎样造一支铅笔。制造一支铅笔的工艺分解给数以万计的参与者，有设计师、石墨矿商、伐木和工厂工人等。

3. 每次只练习一个单元技能

刻意练习时一定不能贪多，一次只练一样。比如你想做平面设计，要练习如何抠图，能够用软件工具熟练地从各种颜色、各种形状、各种背景的图片中抠出需要图形，才算将这个子技能掌握了。很多人没耐性，按照教程能从背景中抠出一个方形的图形，就觉得已经会了，接着去练别的，但碰到需要抠出圆形的图形时就不会操作了。

4. 以更小的颗粒度分块练习

多小才算小呢？Kathy Sierra 给出了这样一个标准：

经过一到三组 45 ~ 90 分钟的练习，就能达到 95% 的精通度。

也就是说最多 4.5 个小时还没有做到 95% 的精通，那就说明技能太难或太大，需要再细化成更小的技能点。

三、组合练习

等这些单元练习熟练后，还要进行组合训练。什么是组合训练呢？就是模拟真实场景，对这些单元技能进行组合。比如你现在熟练了三个单元技能：技能 1、技能 2、技能 3，那么就有四种组合方式：

- 技能 1+ 技能 2；
- 技能 1+ 技能 3；
- 技能 2+ 技能 3；
- 技能 1+ 技能 2+ 技能 3。

你想打好篮球，先将投篮练好了，后又将运球、传球熟练了。这还不够，真实的比赛中必须将运球、传球、投篮这些技能组合在一起运用才能得分。

书画家启功先生深知组合训练的价值，他的弟子陈荣琚在《启功对我说》中有一段这样的话：

“启先生希望我在研习书法时，要多做小稿练习。方法就是将整幅纸裁成小张，然后选择一些字数较少的，如两个字或四个字的警句，五言诗或七言诗，或横写，或竖写，甚至用另一种书体去写，写好之后放在一起做比较研究，其差别便一目了然。”

所以在组合训练时，要尽可能穷尽各种单元组合的可能性，让单元技能的衔接更加流畅，一个只会在定点投三分的球员在场上是很难发挥作用的，因为别人一防守、一干扰，就没有投篮机会了。所以还得练运球和传接球，通过运球和传接球拉开防守队员，再找机会投篮，准确率更高。组合训练的作用就是将运球和投篮衔接起来。

由此可见，刻意练习的策略是自下而上式的，先练习基本的单元技能，再把这些单元衔接在一起，做组合训练。而只有让每一个单元技能自动化，让其尽量少占工作记忆，才能进行组合训练。如果缺少组合练习，单元技能的各种组合操作会占用大量工作记忆，妨碍技能高水平发挥。

我们要以做科学、做研究的态度对待刻意练习，先建立一个理论模型，并制订计划，通过练习获得反馈，然后根据反馈修改理论和计划，再练习，如此反复循环，螺旋式上升。

◈模式识别：另一种精通途径

前面我们说了，在一些特定情境下，有一种方式可以越过辛苦漫长的刻意练习阶段②，花较少时间让技能直接从阶段①升级到阶段③，就是通过大量感性接触而获得一种模式识别的能力。

古代文学评论名著《文心雕龙》中有这样一句：“操千曲而后晓声，观千剑而后识器。”当你弹奏了一千首曲子后，就能真正听懂音乐了，好的和坏的立刻就能分辨出来；在你看完一千把剑后，再碰到一把新剑，就能马上识别出这把剑的好坏。

做过电话销售的人都会有这样的一种神奇体验，即当我们有了一定通话经验后，打过去或者接到的电话，只聊几句，就可以判断出这单生意能不能成。

如果面对面，我们可以通过表情、肢体语言等判断，但是在电话中只能听到声音，仅凭声音、语气我们就能做出准确的判断，这就是大脑感性的模式识别能力。

这种感性知识“只可意会，不可言传”。要总结能成交的客户特征，我们是总结不出来的，但就是简单的几句对话，我们就能判断对方的想法和成交意向，我们的大脑能够学到我们有意识想学却学不到的东西。

所有的专家都在学习和利用这种无意识的感性知识，大脑的这种通过直觉,看似无意识的学习也是能够通过大量练习而得的。这样的练习通常分两步，第一步，在真实的情境中收集大量数据和实例；第二步，从这些数据的细微差别中找到规律，发现“模式”。我们来看两个例子：

一、怎样辨别小鸡性别

Kathy Sierra 举了如何辨别小鸡性别的例子，刚出生的小鸡是很难分辨性别的，也没有一种量化标准。但是小鸡性别鉴定专家却能够准确辨识出来。专家是这样手把手带徒弟的，让你站在装小鸡的篮子前，任意抓一只小鸡猜，你猜了结果后，专家给予反馈，经过很多次专家的反馈后，你好像有了一种神奇的力量，你猜的结果和专家给出的结果越来越一致。

这就是通过高质量的,有略微差异但性质完全相同的实例训练你的认知，通过大量数据的输入培养你区分细微线索的能力。我们说“熟读唐诗三百首，不会作诗也会吟”，也是用这种感性接触训练我们的诗词能力。

但要注意，这个实例是有严格要求的，首先它们的表面有差异但性质完全相同，而且要有足够多的数量。其次质量也要高，模糊不清的实例也不行。最后还要有对结果的反馈，初学者自身是很难完成的，不但找不到足够多的高质量实例，更不可能对结果有正确反馈。所以需要一个高水平的教练帮我们整理这些实例，并给出准确的反馈。这就是在很多领域，教练的水平并不如学员，但却能训练出世界级学员的原因。

二、学建筑的最好方法

《建筑师的 20 岁》一书中记载了这样一个真实故事，说有一位叫里卡多的墨西哥建筑系学生，在 23 岁时幸运地遇到了当时德高望重的建筑设计大师、包豪斯学校的创始人格罗皮乌斯，他就问大师，要学好建筑最好的方法是什么？格罗皮乌斯的回答让人意外，他说最好的方法就是尽可能地到各地去旅行。

这位年轻的学生听从了大师的建议，就真的花时间到各处旅行，最后，他实现了理想，真的成了一位非常出色的建筑设计大师。为什么到各地旅游能成为建筑大师呢？

我们想一下，建筑作品是立体化的，每一个建筑跟它所处的环境紧密地结合在一起。从书本、课堂上只能获得很有限的一些信息，而旅游可以从多个维度亲身观察和体验建筑的细节。很多信息只有在实地才能获知，我们的大脑能在这种真实的场景中发现和识别出模式。

通过一种特殊的场景，让学习者的大脑自己发现模式，而通过场景中的感性接触，我们有了“意会”的能力。而有些知识没法直接传达，哲学家将知识分为四种：

1. 客观知识。水的密度是多少，地球绕着太阳转，这些知识都是客观知识，一般都有一个衡量标准。自然科学都是客观知识，它与你的喜好无关。

2. 主观知识。我们的个体认知和感受。比如你说你喜欢历史。这就是主观知识。我们不能通过外部的一些东西判断和测量你是不是喜欢。

3. 共享知识。一部分人共享的主观知识，比如说文化和公共情绪就是共享知识。它们真实存在，而且还可能会变化。

4. 感觉知识。就是专家对所处环境、各种数据的一种直观感受和直觉反应。比如我们前文说有经验的销售员就能通过电话“感觉到”那一头的买家有没有购买意愿，它是我们对各种信息综合处理后的反应。

能够被语言描述和传授的知识只是知识中的一小部分，而通过意会，我们可以将这四种知识整合起来，获得对事物和当前环境的一种判断和感知。

说完了方法，再分享一个篮球队崛起的故事，看它是怎样将刻意练习和模式识别结合起来，在很短的时间内由末流球队成长为超一流强队。

喜欢篮球的朋友都知道，2018 年 NBA 篮球总冠军是金州勇士队，成功卫冕。2016 年勇士队也进入了最后总决赛，由于大意仅获得亚军，但 2016 赛季它也创造了很多纪录，比如 NBA 历史上常规赛胜率最高的纪录，主场 54 连胜的纪录。

而在并不遥远的历史上，金州勇士队曾经被称为鱼腩球队，连进季后赛都非常困难，2008—2009 赛季，还位于西部倒数第二名。那么，现在是什么策略和战术让勇士队获得了如此惊人的进步呢？他们的方法可以简单总结为三点：

首先，金州勇士队以三分球作为球队的最佳战略；

其次，围绕这个战略聘请了教练科尔，购买便宜的年轻球员而不是花大价钱引进超级明星；

第三，具体战术是将大数据和机器智能引入日常训练，训练过程中听机器给出的建议。

前面两个方法可能是很多球队都使用的，但引入了大数据和智能机器这个工具后，就能充分发挥刻意练习和模式识别两种优势。机器时刻监控每个球员在场上的真实表现，给出准确及时的反馈，再通过大数据分析，为下一步训练什么、如何训练，提供有效建议。

一个末流球队，在高科技和正确训练策略的加持下，只用了短短 5 年就成为 NBA 的超一流球队，横扫对手。要快速成长的个人也能从中获得不少启发，简要总结就是，**制定适合的战略，围绕战略配置资源，刻意练习，量化成长，通过高效的反馈持续精进，并结合模式识别获得一种意会状态。**

第三章

深度学习：从危机中获益

风会熄灭蜡烛，却会使火越烧越旺。在不确定性的冲击下，那些思维模式固定、僵化的人，注定会在一次次“黑天鹅”事件中“熄灭”，而拥有终身学习能力的人，则会收获一份成长型心态，在危机中获益。

01 / 认知天性：高效的学习策略

我们的学习时间是有限的，而知识是无穷的，如何在有限的时间内学到更多知识呢？这就是一个学习策略问题。传统观念认为高效的学习策略是：

在一段时间内集中学习同主题内容；

高强度高密度的“浸入式”学习法；

画思维导图是精加工的高效学习策略。

但近几年认知科学的发展，证明我们易受“认知错觉”影响，自认为记住了就是掌握了。我们的记忆受两种机制影响，一种是存储，另一种是提取。

存储力是指某一记忆表征与相关知识和技能的巩固程度或内部联系程度；而提取力指记忆表征的当下激活程度或可及性（accessibility），它主要受场景线索和新近所学内容的影响。

存储力和提取力对记忆有不同的作用，二者呈负相关，学习的最终目的是应用（提取），有难度的提取能让学习内容在大脑中保持更长时间，也有更强的迁移能力。所以，有效的学习策略往往具有“必要难度”特征。

学习分存储和提取，存储容易会导致提取困难

图 8

这里的必要难度理论就是，学习分为存储和提取，存储容易会导致提取困难，反之，费力地存储则让提取会相对容易。

生活中我们也有类似的体会：如果我们随手将一样东西放到一个地方（存储），下次要找的时候就很难找到（提取）。如果我们有一套存放东西的规则，存放时可能费点事，但在使用时就能轻松找到。

依据必要难度原理，认知学家给出了有悖于常理的三个高效学习策略：一是分散学习，优化学习间隔。二是交错式学习，调整学习顺序。三是提取练习，应用测试效应。下面分别来看：

◆一、分散学习，优化时间间隔

以前我们认为集中时段学习效果好，科学家经过一个多世纪的研究，现在有了共识，即将学习时间拆分为几段的效果优于集中某一时段学习，这就是分散学习效应。分散效应带来的效果会持续很长一段时间，科学家让接受测试的大学生使用分散学习法记忆外语单词，8 年后测试，分散学习效应仍很明显。

典型的分散学习策略是初次学习→间隔→再次学习→最终测试。究竟间隔多少时间最好呢？研究者经过大量实验发现，从现实角度出发，学习间隔时间控制在测试时间的 5% ~ 10% 最佳。

什么意思呢？假如你要参加100天后的考试，使用分散学习策略，你两次学习间隔应控制在5 ~ 10天。这个研究结果具有很强的实际意义：**如果你希望让知识在大脑中长期保持，那就适当增加学习的时间间隔。**

这也从另一方面解释了为什么我们考前突击，临时抱佛脚，考试结果可能不错，但这些知识很快就还给老师和书本了。集中学习对于短期记忆是有效的，但不利于长期保持。

◆二、交错学习，调整学习顺序

当我们想要掌握一个学习主题的多项知识时，有两种选择：

批量式学习：AAA–BBB–CCC

交错式学习：ABC–BCA–CAB

哪一种更好呢？

很多人更倾向于使用批量式学习。我们经常被教育要集中精力打歼灭战，将一件事做完后再去做下一件，但这一思路用在学习上就不那么“科学”了。

认知科学研究者做了这样一个试验：首先让被测人员分别用批量式和交错式观看12位风格相近画家的作品，然后让他们分辨这12位画家的其他作品（这些作品测试者以前从未见过）。结果表明，交错式学习方式能显著提高他们判断的正确率。这也意味着，交错式学习方法能提升学习者解决问题的能力。

背后的原因是什么呢？我们用加工不足理论来解释。即当我们加工某个项目时，随着时间的延续，会不断熟悉这个项目，我们就习惯了，于是对该项目分配的认知资源质量和数量会持续下降。交错学习通过调整顺序，打破习惯，让认知资源保持在一个较高的水平上。

虽然交错学习能明显提高学习效果，但现在的教材都是以批量式学习思路编写的。通常是学完一章的主体内容后，马上会安排针对该章内容的习题测验，有的爱偷懒的学生都不用审题，套用本章的定理和方法就能解题。这个方法平时学习中是比较轻松,但到期末测验时,试卷内容并不以章节为顺序，缺乏解题的默认线索后，就无处下手了。

如果采用交错式学习，那么应在学习本章的主体内容后（A），练习前面学过的知识（B），通过调整学习顺序，不依赖短期记忆线索，能够训练灵活应用知识解决问题的能力。

国外研究者已经尝试通过改变教材的编排结构来利用交错学习的好处，取得了不错的进展，期待我们国家能够尽快引入。

◆◇三、提取练习，应用测试效应

我们学习知识的最终目的是应用，即提取，如果不能提取，相当于没学。以前有“书读百遍，其义自见”的说法，但真实情况是，如果只是简单重复读很多遍，记住都不一定，更不用说理解了。

认知科学家告诉我们，要摒弃学习 + 学习的这种传统模式，而采用学习 + 测试模式，通过测试练习提取知识，反复的提取练习能促进知识的长期保持，这就是测试效应。测试效应之所以能帮助记忆和理解，其核心是通过提取练习对记忆过程产生了本质影响。“有难度”的提取，可促进存储能力，让记忆保持更长时间。

传统的学习观点认为学习过程是影响学习效果的主要因素，我们有列提纲，制作概念图（如思维导图），有意义的学习方式等。研究者为了对比传统学习法与提取学习法哪一种更有优势，做了下面这样一个试验。

以科学说明文为试验材料，分为学习和测试两个阶段，将试验对象分为下面四组：

1. 单次学习组：只在一个时间段内学习材料；

2. 重复学习组：在四个时间段内学习；

3. 概念图组：先学习，然后通过绘制概念图的方式精加工；

4. 提取练习组：先学习一遍，进行自由回忆测验；再学习一遍，再自由回忆测验。

你认为哪一组的学习效果最好，哪一组最差呢？我们来看结果。

最终的测试阶段分为两种形式的测试：简答和推理。在这两种不同类型的测试中，提取练习组成绩均优于其他三组，学习效果由高到低依次为：

提取练习组 > 概念图组 > 重复学习组 > 单次学习组

由此可见，学习过程中主动性并不是决定学习效果的标准（概念图组是建构的方式，过程中有很强的主动性），而对记忆本质的影响、提取力练习是决定学习程度和质量的关键。提取练习能在特定时间、特定地点，利用线索对知识进行重构，使之更容易激活和达到。其他三组的学习方式侧重于存储，存储是对知识的编码和连接。

其实提取练习大家可能有意无意地都用过。被动接受随堂小测验就不用说了，还有一种叫作“过电影”的学习方式。在睡觉前，将当天所学的内容，就像放电影一样，一幕一幕地在脑海中过一遍，遇到重点，多放几遍，放不下去时，记下来，隔天起来搞明白。这是最简单的提取练习策略，但要比大多数人使用的学习策略都有效。

我高中学化学用过这种学习方式，每天晚上回忆一下分子式和化学方程式，化学时多次考了满分。

大脑中的学习电影并不一定要在晚上放，白天休息时、走路时、看完书中的一个章节后，就可以回顾。考前将核心知识点过一遍电影，能提前发现没有掌握的内容，随时查漏补缺。

◆学习应遵守“必要难度”策略

上面我们提到的由必要难度出发的三种策略，我们或多或少都听过。但大部分人宁愿使用我们常见的传统低效的学习策略，主要原因是：

一、我们容易受“认知错觉”影响

误以为记住了就是掌握了。因此，一遍遍地简单重复是大部分学生最常使用的方式。他们认为大脑记忆就如同摄像机一样，只要一遍遍扫描材料，就能将记忆“写入”大脑中。殊不知，这样根本没什么效果。

二、我们的大脑爱偷懒

交错学习，分散学习，只不过是调整了学习次序而已，并没增加难度，所用时间是相同的，推广起来可能会比较容易。但事实却是相反的。原因是这些方式看起来比较“复杂”，让我们在学习的过程中容易出错，让整个学习过程中的体验不好。

我们的大脑是吝啬的，时刻想着节约能量，让阻力最小，会努力避免各种“浪费”，所以宁愿享受学习过程的舒适感，而不追求实际学习效果。

学习的必要难度理论给了与传统不一样的思考方式，建议我们如果想要长效地学习，在学习过程中要多做提取练习，而非简单的重复存储，通过优化时间间隔，利用分散效应，调整学习顺序，进行交错学习来达到高效学习的目的。

当然，我们也不能将传统的学习策略一棍子打死，比如集中学习方式对短期记忆提升就要比分散学习好；概念图法也是很好的工具，与提取练习结合，不是在存储过程中画思维导图，而是过了一段时间后，通过提取来绘制就是一个很好的策略。

学习知识是没有捷径的，存的时候轻松，取的时候就费劲，要能够顺利提取，那么存的时候就得克服更多的阻力，克服的阻力越大，进步也会越大。

02 / 子弹笔记：找回人生主导权

谈到学习，我们就不得不聊聊读书，甚至在很长一段时间内，我们是将学习跟读书画等号的。读书是学习的一种主要方式，通过书籍，我们不但能借鉴前辈的经验，还能间接地汲取同时代其他人的经验。读书就是从前人和他人经验中获取知识的一种方法。

◆◇三种小动物带来的启发

那怎样通过读书获得知识呢？17世纪的大学者培根说可以从三种常见的小动物身上获得启发：

第一种小动物是蚂蚁。它们不辞辛苦地收集各种食物，不管现在用不用得上，也不管是不是多余，看到食物它们就会往家搬。在移动互联网时代，收集信息变得异常简单，手指一点就存到了各种软件中。很多人就如蚂蚁一样，每天忙于收集知识，以为存在了电脑或者网盘中就变成了自己的知识，还经常以知识面宽广而自诩。

第二种小动物是蜘蛛。它不从外界辛勤地收集食物，它靠的是“自力更生”，用自己的身体生产一种纤维织成蜘蛛网，然后躲在网附近以逸待劳，等待小昆虫撞到网上后美餐一顿。培根说，这种小动物不是从外部收集资源，而是靠自身的力量达成目标。

第三种小动物是蜜蜂。蜜蜂兼具蚂蚁和蜘蛛的特点，一边勤奋地从花丛中采取它们想要的东西，一边又将采集到的东西在自己肚子里加工，让它们变成更有用的东西——蜂蜜。所以蜜蜂是既有从外面采集又有内在加工两种努力。

培根赞赏蜜蜂，如果将三种小动物的行为比作读书的方法，蚂蚁只知道囤积信息，买书是它们最大的爱好，阅读也是走马观花式的浏览，以阅读数量为荣；蜘蛛就是那种不愿读书，不喜欢借鉴他人知识，自己坐在那儿空想的人；而蜜蜂既能收集，又会加工，能够改变知识的原貌，形成更有用的新知识。显然我们要向蜜蜂学习，不应让知识“路过”身体，而要让知识“通过”我们的大脑，发生化学反应，产生新的知识。那么如何判断我们是否真的吸收了书本中的知识呢？答案是正确的反馈。

◆互译互改读书学习法

我们做任何事想持续进步的话，必须获得反馈，即做了后能判断做得好还是不好，哪里做得好，哪里做得不好。如果有一个老师，自然可以帮助我们指正，但成年人的读书学习，往往没有这么好的条件。所以我们要想办法找到老师获得正确的反馈。有两位名人的做法值得效仿，一位是美国的国父本杰明·富兰克林，他在自传中有这样一段描述：

在他父亲指出他的文笔欠佳，表达不明晰后，他就下决心努力改正。于是就买了一卷文笔优美的日报，对上面的文章反复读了好多遍，希望能够模仿作者的文笔。富兰克林选了几篇文章，写出每句的要旨，接下来的做法是“先搁置几天，然后不看书，试着用到手的贴切的字眼详尽地表达每个要旨，争取像原来表现的一样充分，从而再现原文”。

完成后将自己写的跟原文比对，发现错误，就马上纠正。他还对这种方法做了延伸。比如将散文改成诗歌，等过段时间忘得差不多后，再将诗歌还原为散文。通过这样来回改写对比，富兰克林的文笔得到了很大改善。

出版家王云五在《我怎样自修》一文中也讲了类似的方法，他说自己在读外国名著，如果读到想要模仿的段落时，“于熟读数次以后，往往将该段文字译为中文，经过了一星期左右，则就所译中文重译英文，译时绝对不阅英文原文，译毕始与原文比对，于文法有错误者即照原文修正，于文法无误而遣词造句不如原文精练者亦参酌修正。这样一来，我对于英文作文便无异获得一位无形的优良教师”。

这两位大家的读书方法能指导我们更深刻有效地学习，通过这样来回互译、互改，找到了一位免费的好老师，时时纠正我们的错误。

◆◇用好分散效应：三步笔记法

下面再看看一个让我们获益匪浅的读书做笔记的方法，是国内外一些学者（如塔勒布、罗伯特·西奥迪尼）公开的技巧：

拿到一本书后，在开始读正文前，先浏览一遍序言、目录、索引和插图，对图书有个整体认知。这花不了多少时间，但能让我们快速确定是不是要读这本书，是精读还是略读。如果还不能确定，就再随机读几页内容验证一下。

同时，这些前后并没有多少篇幅的“非正文”内容会告诉我们，作者要带我们到什么地方。尤其是老一辈翻译家译过来的经典名著，会在前面写一个详细的导言，介绍作者生平、书中观点、背景知识以及自己的看法。

要知道，以前的翻译家和现在的大多数译者做法是不同的，他们会花很多精力研究作者及作品产生背景，一些提纲挈领的内容点评不但有助于我们理解作品，立意甚至会高出作品想表达的思想。读完这些内容后，你就有了一张全书的概览地图，对书中核心思想也了然于心。

我认为序言，除了在读正文前读一遍，还应在全书读完后再复读一遍，看第一遍理解得对不对，有没有偏误的地方。在具体阅读过程中，用下面这样的三步法可以加深记忆和理解：

第一步： 在阅读过程中，将核心概念圈起来，在空白处随时记录想法。

并且在读完每一章后，在末尾记下这部分内容要点和理解。还要尝试将这些内容联系到具体生活中。

比如读《富兰克林自传》，作者写到曾想寻花问柳又怕染上性病，还企图对好朋友的老婆卿卿我我、动手动脚，结果碰了一鼻子灰，被好朋友发现后绝交，以致自己的一大笔欠款也收不回来。爆出这些“黑历史”可不容易，一个被尊为国父的人在人生辉煌时刻分享这些给后辈看，需要很大的诚实和勇气。联系到我们写日记，可能都不愿意把这种心情和丑事记下来。我们以后能在日记中做到这样的诚实和勇气吗？

另外，除了记自身想法和要点外，还要写下暂时搞不明白的疑问。

第二步： 全书看完一遍后（这一点很重要，这个原理来自我们说过的分散学习效应，富兰克林和王云五都在用），再拿起书，将划下的重点、记下的笔记认真看一遍，大部分内容可能都没什么用。但总有一些内容，你想记住和内化，就将它们用自己的话写在封页上，并标注上页码（这个也很重要，等你以后想找时，能容易找到）。

第三步： 再隔几天后，将封面上记下的东西摘抄到笔记本中。也可以直接拍照，保存到笔记软件中，打上标签和备注，以方便以后查找。

这个读书和记笔记的步骤遵循了分散学习的经典模式：初次学习→间隔→再次学习→最终测试。

如果你喜欢听语音或看视频，也要随时做笔记。有时，听的过程中我们可能在路上或者干其他事，不方便记录。可一旦空出手后，就要努力回忆写下来，如果想不起来，重要的内容就需要重听。

读书应求质不求量，当你真正搞懂某专业的一本核心书籍后，会发现其他很多书籍只不过是在重复或者换了一个角度讲同一个道理。因此搞懂一本书的收获远大于囫囵吞枣十本书的收获。下面再跟你分享三个我认为很好用的小工具，帮助你的阅读质量更进一步。

◆◇三个小工具：卡片、书签、指示贴

1.Index Cards 索引卡

做笔记，很多人喜欢用笔记软件，但手机和电子设备容易让我们分心，经常打开手机要记一个心得，却被吸引到其他地方去了。在很多时候纸笔更高效，不管你是在看电子书还是纸质书。用原始的纸笔摘录卡片既能帮助记忆理解，也不用在阅读界面和笔记界面来回跳转，更容易集中精力阅读和思考。卡片还有一个好处就是非常直观，可以将同一主题的卡片摆开来，进行想法的连接和创作。

所以，在任何时间和地点，速记卡片都是你的随身好伙伴。缺点是卡片积累多了查找有点麻烦，但也不是没有解决办法。比如可以分类建立索引，或者干脆隔段时间将它们拍照转成电子图片，打上标签和备注，整理到笔记软件中。

做卡片笔记，阳志平老师总结了一套“卡片大法”，他建议在阅读过程中摘录下面这些内容，而其中前三个是重点：

- 术语卡：阅读中出现过的学术术语或者作者的特定语言；
- 人名卡：阅读中出现过的人名，以及他的个人简介；
- 反常识卡：有什么理论模型、推断证据、故事、行动，挑战了你的既有常识；
- 金句卡：收集发人深省的句子；
- 行动卡：写下你可以执行的行动；
- 技巧卡：积累你学到的技巧；
- 任意卡：此处自行发挥。

Index Cards 有正面横线背面空白和双面都是方格的两种。我比较喜欢

前一种，写字就用横线一面，画图就用空白的一面。为了查找方便，不要两面都记主要内容，只在一面书写，另一面可以备注来源等附加内容。

2.Book Darts 金属书签

常见的书签有很多种，纸质的，绳子的。Book Darts 是一种小巧精致的，和纸一样薄的金属片制成的书签。优点是能定位书中的具体位置，精确到行。这样，如果有必要，你能在同一页用很多个书签准确标注。

3. 塑料荧光指示贴

写作输出时，经常为了引用一句原文中的话，要翻半天书。而如果我们在阅读的过程中，用这种半透明的小标签写上几个提示词，再将有胶的一端粘到书上，写字的一端露出，就很容易查找。

这种透明小便笺有多种颜色，可以给每种颜色分配不同的含义，比如故事用黄色标注，结论公式用绿色标注等。以后拿起书重读也能马上找到重点。

03 / 好的输出可以倒逼输入的质量

我们说提取是一种高效的学习方式，而将学到的知识分享出去就是一种提取，分享除了让自己理解更深刻外，还带来一个巨大的好处。我现在问你两个问题，谁是你公司最厉害的工程师（设计师、产品经理等）？谁是你所在行业最厉害的人？

你会列出一些名单，但他们的专业水平真的是最高的吗？世界上有成千上万个做出了伟大贡献的工程师，但你知道的就只有那么几个。为什么呢？

因为你知道的那些人都很有名，都喜欢分享，你可能看过他们的书，听过他们的讲座，或者从别人那里听到了他们的名字，而这都源自他们的分享。你能不能做一件事当然很重要，但更重要的是还得让人们知道你。因为只有让别人知道，你才有机会展示你的才能。而分享式学习具有这样的作用。

◆ 分享知识的四个好处

1. 分享能增强理解

你要向他人解释清楚一个概念，你自己首先得深刻理解它。费曼技巧中的用大白话讲述给小孩听的场景，就是考验你是不是完全理解。所以你就要花时间钻研这个概念，彻底搞清楚知识的来龙去脉，你就得学更多的知识。

2. 分享可以获得有效反馈

只有你分享了，你才能收获真实有效的反馈。我们每个人对自我的评价都是不客观、不准确的。而将你的想法分享给陌生人，你就能收获客观真实的反馈。

即使表面上看起来没有任何反馈也是一种有效反馈。比如你在微信群中分享了一篇刚写的文章，没点击，也没人回应。这说明你标题没起好，不勾人，没有人愿意打开。如果有点击，但没有留言和转发，就意味着你的内容没有触动读者的感情。这些宝贵的反馈能让你发现不足，从而有目的地去改进。而如果不分享，你自我感觉良好，可能永远都不知道当下的真实水平。

3. 分享是一种推广方式

如果你在一个较大的单位上班，想要获得升职加薪，最好的方式也是分享你的成果，让领导看到你的能力和贡献。中国人大多比较内向含蓄，只会闷头干活，不愿发表自己的想法和观点。但是，如果你不分享、不说出来，其他人就不知道你干了什么活以及能干什么活。

其次，如果你想换份工作，获得更多的机会，你更要多分享。你在原来公司做出了什么成果，外面的人是不知道的。但是你将行业的认知和想法公开，潜在的雇主就有机会接触到你。如果你说得有理有据，他们会视你为专家，将你列入人才库。当有空缺职位时，还可能会找猎头挖你。以前网上有一个段子说，如果发现某个公司的高管频频在媒体中露面，那可能是他想换一份工作了。

4. 分享打造个人影响力，创造更多的连接

有一句话说得很好，你能影响多少人决定着你能赚多少钱。你如果能直接或间接地影响百万人，那你就能赚到百万。你看那些写鸡汤文章博取眼球的，只靠影响读者的点击行为，就能通过广告等手段赚得盆满钵满。

职位不属于你，你在 A 公司的职位不能保证到 B 公司获得同样的职位和收入，但影响力是属于你自己的，你到哪里它就跟到哪里。

分享还能创造更多连接，收获更多的惊喜。你看，我通过这本书将知道的一些东西分享给你，你读了后，觉得有启发，或许会跟我联系，这样就有了一个连接。

再一个理由，分享知识跟分享馒头不同，你给他人一个馒头，自己就会少一个，分享知识给他人你不但不会少，还会增加，因为通过分享你理解得更深刻了，你还可以从对方那里学到东西。诺贝尔物理学奖获得者理查德·费曼总结了一套通过分享高效学习的技巧，人们称之为费曼技巧（Feynman Technique）。

◆◇保证学习效果的费曼技巧

你可以将费曼技巧看成是保证学习效果的一套算法，这个算法能帮你学习新概念，巩固旧知识，弥补知识差距，让学习更有效率。这个算法共四步（如图 9）：

费曼技巧

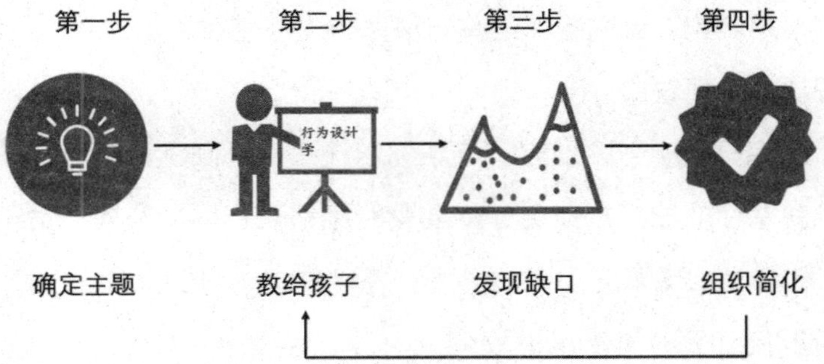

图 9

第一步：确定主题

写下关于这个主题你知道的全部内容。当遇到新素材时，马上添加到参考资料中。

第二步：教给孩子

假想一个场景，让你将这个主题讲给孩子们听。如果你能让小孩子理解你讲的内容，就说明你完全掌握这个主题了。具体方法是：

在白板上，或者找一张空白纸（或在笔记软件中），写下你想教的主题。并在该主题下，用简洁明了的话语写下你知道关于这个主题的一切，可以尝试口语化、举例、图形等多种方式。具体来说，可从以下两方面考虑：

用简单易懂的话语

孩子们是不懂术语的，而科学概念充满了各种术语和专业词汇。如果你没有透彻理解，就会躲在知识背后，用复杂的术语掩盖自身模糊的认知。

保持简洁

孩子的注意力很短暂，如果你不能在短时间内抓住他的注意力，那么他就会跑掉。你也可以想象着是在做一个电梯广告，你的内容能在对方乘坐电梯的短暂时间内搞明白吗？

如果很难做到，就说明你还有非常大的改进空间。

第三步：发现缺口

这才是你真正学习的地方。如果你卡住了，就回到原始材料找原因，卡壳的地方就是你的知识缺口，你就要花时间钻研它，彻底搞清楚知识的来龙去脉后，你将学到更多的知识。

第四步：组织 + 简化 + 讲故事

将关于该主题的最重要的知识汇集在一起，用简洁的故事形式分享。可以大声朗读你的故事，假装你是在课堂上讲给学生听。在讲述的过程中你明白了语言的魅力，你还可以使用类比等方法。

在这个过程中如果卡壳了、被绊倒了，就表明你对这个主题的理解还不够完整。回到第二步，继续学习和改进，直到能够流利地以故事形式讲出来为止。

举个费曼本人的例子，在一次会议中，有人问他，假如在一次浩劫中，所有的科学知识都被摧毁，只能留下一句话给后代，怎样才能用最少的词传达最多的信息呢？费曼认为这句唯一的话就是原子假说，即：

万物由原子构成，它们永恒运动，在一定距离外相互吸引，受挤压时则相互排斥。

这句话包含了我们这个世界的所有信息，一个没有学过物理的孩子也听得懂。分享是费曼学习法的核心，用分享倒逼理解和检验效果。

◆不要分享你的秘密武器

既然分享有这么多的好处，你分享什么更好呢？这个问题也可以反过来想，为什么很多人也知道分享很重要，但他们还是不会去分享？因为他们心中有下面三个疑虑：

1. 我很忙，没时间分享；

2. 我不是专家，没有人会听我的；

3. 有人会偷走我的成果。

对于没有时间这个问题，如果你真的意识到分享对于职业发展的重要性，就要预留出分享时间，比如安排时间写作、演讲、跟同行交流等。

第二个问题，认为自己不是专家，担心没有人会听。每个人都处在学习的不同阶段，古人说“三人行，必有我师焉”，只要一个人在你要学习的技能上比你水平高，你就能学到东西。这就像爬山，爬到了100米处的人就可以给爬到50米处的人讲路上的见闻。况且，很多时候老师并不是水平最高、做得最好的，你看泰森的教练打不过泰森，刘翔的教练也没有刘翔跑得快。老师有一套学习和训练的方法论，还能细致观察并给出有效反馈，这才是老师的核心作用。

因此，做和教是不一样的能力，有时候最优秀的专家是最差的老师。我们前面说的物流学家费曼很擅长教别人，但另一个顶尖物理学家爱因斯坦并不是一位好老师。爱因斯坦在发表相对论三年后开始在一所大学任教，第一学期只有三个学生，还都是他的朋友，或许你认为他想教的课程太难了，没人愿意学。

但到了第二学期，这门课就取消了，因为只有一个学生愿意上他的课。《爱因斯坦传》的作者沃尔特·艾萨克森说“爱因斯坦从来不是会启发学生的老师，他的授课大多被认为杂乱无章”。

最优秀的专家并不是不想教好学生，而是因为他们被“知识的诅咒”困扰。心理学家西恩·贝洛克解释“知识的诅咒”是因为“当你对自己做的事情越做越好，你协助他人了解这项技巧的能力就越来越差”。

而刚学会一个技能，还不算专家的你，恰恰不受“知识的诅咒”困扰，相对而言，你更能理解初学者的想法，也还记得在什么地方容易犯错。

另外，分享并不仅取决于你知道多少，还要看你能将知道的东西表达出多少来。一个有 10 分知识的专家，如果表达能力不好，只能表达出 5 分，还比不上一个只掌握 8 分但却能表达出 6 分的精通者给初学者的帮助。

第三个问题是你担心你的对手可能会偷走你的成果。只有当你的分享能为对手带来竞争优势时，你才应担心，换句话说，你不能分享你的“秘密武器”。但是你可以分享你的“常规武器”和“制造常规武器的方法”。

◆ 以何种形式分享效果更好

通过上面我讲的内容，你可能有了一种非常想分享的冲动，那接着的问题就是，该以什么样的形式分享呢？

常见的分享形式有文字、语音、视频、线下讲座等。它们的分享难度依次增加，每种方式都有适合的场景，我建议你从文字开始。

文字是人类最古老、最有效的知识传播载体，从最早的甲骨文到今天的网络文字已有几千年的历史。但是文字仍是跨时空的知识传播介质，虽然在互联网上有各种媒体形式，但是文字仍然占据统治和领导地位。搜索引擎索引目录、查找都是以文字为主，其他媒介的存贮和搜寻必须借助文字才可实现。

在互联网时代，文字也是门槛最低的知识生产方式，会打字就可以制作出文字产品，修改也方便，传播保存成本低，线上还有很多渠道平台。比如专门用来写作的简书，可回答问题的知乎，和其他的自媒体平台。

第二种方式是语音。在信息爆炸的时代，人们看上去都很忙，总是害怕错过了什么，时间也被炸成了碎片，语音依赖听觉而不干扰手和眼，尤其实用。你可以在微信群里分享今天的一点读书心得，或者借助于喜马拉雅、千聊、荔枝微课这些平台用语音系统化地分享。

第三种分享方式是视频。视频有两种，一种是直播视频，另一种是录播视频。直播由于不能修改，所以要求更高一些。最近两年，由于短视频的兴起，视频制作的门槛也降低了不少。

第四种方式是线下讲座。线下演讲是传播知识最高效的途径，打造一个场景，在这个场景中通过形、声、感等与观众多通道交流，将知识传授给观众。这就是在通信如此发达的今天，还有很多人会花时间、花金钱到现场听讲座的原因。

究竟选哪种媒介呢？

从心理认知角度来讲，文字更适合传达理性的、复杂的、需要思考的内容；而语音则适合信息的重要性比较低、熟悉性比较高、需要多次重复、动之以情的内容；视频则通过图像、声音和动作形成了一个强大的场，能对论点做更好的阐述，让受众更好更快地理解。

04 / 创作一个分享教程

前面文章中我们谈了很多分享的好处，而制作教程就是一种非常有用的分享方式。所谓教程，就是教会他人理解相关知识或者指导其完成任务的材料，可以是文字、视频、语音等多种形式。这里我们只讨论文字教程，因为其他形式的教程都是以文字为基础制作而来的。

理论上说，教程是最好写的一种文体，因为我们每个人每天都在做事，将做事的过程记录下来就是一份教程。但实际中，教程又很难写，由于“知识的诅咒”，当一个人知道一件事后，他就无法想象出自己不知道这件事的情境，所以他写出来的教程就不能指导新手行动。

很多专家高手做出的教程里有很多专业术语、特殊操作，小白用户根本看不懂，搞不明白。高手们在制作教程时忘记了自己是如何从一个小白变成高手的，自然地以为看教程的人都具有和他相似的背景、一样的知识。

所以要写出有用，能帮助他人的教程的一个假设是：

看教程的都是小白用户。

因为会做的是不需要看教程的，只有新手才需要教程指引。一个合格的教程要能够：

用通俗易懂的大白话，必要时引入类比、可视化、实例等方式，教会小

白理解一个信息或者习得一项技能。

因为最终目的是要教会，而**类比、可视化、实例**是非常重要的手段。当小白不理解、学不会时，尝试从这三个方向来改进。

做电商平台时，产品上线后要写帮助文档，老板总是让我写，他说我写的他能明白，用户也能看懂。或许因为我是个半路出家的产品经理，本身是个小白，思维受限不多，能以小白的视角看待产品，写出操作指引。

所以，判断一个教程有没有价值，关注这两个就可以，即能不能：

- **教会人们如何依照步骤做事；**
- **教会人们怎样提高效率。**

根据这个要求，教程就是 Knowledge for action ，即关于行动的知识。并不是所有关于行动的知识都是有价值的，有用的教程还能指导读者达成他们想要的目标。

我在知乎分享了一个学习双拼教程的文章，颇受欢迎，因为可以指导读者更快地学会双拼输入法，提高打字速度。一个好的教程制作也是有套路的，我给你分享的这个制作教程的模板套路。我简称它为 WWSH 教程框架。

即教程要依次说清楚：

- **What（是什么）；**
- **Why（为什么要学，有什么用）；**
- **Situation（这个技能、知识在什么情境中使用）；**
- **How（怎么做）。**

套用这个框架，人人都能写出可以帮助别人的、有价值的教程。下面我逐个来解释这个框架的 4 个要素：

◆ What（是什么，你要教什么东西）

在你告诉别人怎么做之前，先要让他知道你要教什么东西，解释清楚概念，概念模糊会造成后续操作的混乱。

◆ Why（为什么要学，有什么用）

人的大脑喜欢归因和自我归因，喜欢寻求为什么，可以说，人类寻找为什么的好奇心在推动科技进步、社会发展。

我们总是先问为什么之后，再明确怎么做。具体到我的双拼教程，为什么就是：我为什么要学双拼？它好在哪里？是什么原理让它打字的速度比全拼的快 3 倍？

要在前面原理部分做铺垫解释，告诉读者双拼打字的原理和设计理念，说明这么好的东西没有普及的原因，说服读者继续往下，去看 How（怎么做）的部分。

◆ Situation（知识、技能在什么情境下使用）

很多教程缺这个环节或者将它放在最后面。他们忘记和忽略了任何技能和知识都在特定的形势和情境下才能有用。有个网上的段子，在前面铺陈了一大段，说得挺热闹，告诉你如何轻松赚到 100 万，可以用这 100 万来投资，实现梦想，最后真相是，你得有个有钱的爹，赚 100 万的方法是，找你爹要 3000 万，然后存在银行，每年利息就不止 100 万。

知识离开了它存在的情境，就不能促进行动。我见过很多软件教程，不说系统环境，一上来就给出具体步骤，当我们按照步骤执行时，发现行不通，最后作者才说这个方法只适合 Mac 平台 ，而 Windows 系统不能兼容，看这个教程绝对是在浪费时间、浪费生命。

如果要写软件教程，一定先要在具体操作前让用户明白：教程适用环境，什么系统，具体到哪个版本。其他教程也一样，如果对完成情境有特殊要求，也一定要提前告知，让用户构建好相应环境后，再按照教程往下操作。我认为这是一个教程写作者的基本素养。

◈ How（怎么做的详细步骤）

之所以称为教程，就是要教会人们具体的行动步骤，这是教程的核心部分。在 How 部分务必一步步（Step by Step）地告诉用户如何行动。

每一步都要翔实而清晰，小白用户能根据指引步骤实现教程要教会的效果，执行无误后可以实现有效产出。需注意下面四点：

一、保证指令清晰、精确

因为看教程的都是小白用户，他们一片茫然，根本不知道怎么做，指令一定要具体、清晰和准确。我记得学驾驶时，在教练场里前面没有任何东西，坐在副驾上的教练说“减速”，因为自己对汽车构造还是有一定了解的，知道减速不止一种方式，就问他，怎么减速？

在这个情境下，“减速”指令就不够精确清晰，会开车的人都知道，手动挡汽车减速，有好多方法，比如：

- 松油门
- 踩刹车
- 踩离合

这三者还可以相互组合。“减速”其实是一个结果，即让车慢下来，而不是具体可操作的动作，新手听到这个后不知道该怎么办。只有踩刹车、踩离合、松油门这样的动作指令对新手才有效。这个教练就犯了我前面说的“知识的诅咒”，他不知道新手是如何将减速这个结果转化为具体的动作。

当然熟练后就不需要这么具体的指令。像现在我开车，给我“减速”这样的结果性要求，我知道采取什么措施最好，甚至只需说“有人”这样一个状况，我也知道怎么处理，可能会刹车，可能会躲避，还有可能会为了不撞到人而去撞栏杆，这是一个熟手应有的意识和技能。

但不能要求小白用户也具有这个能力。有价值的教程一定要实现的要求是，**指令清晰而具体，详细到每一步操作、每行输入、每次鼠标点击等。**

二、要写完整

教程的目的是帮助人们有改变、有产出，那么不完整的教程肯定就不会让读者有产出。既然要写教程，就一定要写完整，不能烂尾。

我们看到网上大把的教程都是不完整的，前面兴致勃勃地写了几篇，就没有下文了。更可怕的是不完整的教程步骤还是互依的（一个环节依赖于另一个环节），就是说，如果作者没有后续，读者在前面步骤花的时间完全白费。这是大部分人写教程犯的通病，没有一个完整的产出。

写完整是个很高的要求，有时候事情特别复杂，限于精力和时间很难写完整。有个办法就是模块化，将复杂的工作拆分成更小的模块，每个模块间要独立，不互依。

然后再写细分模块的主题。比如提高打字速度这是一个很大的主题，我也写不出一个体系化的教程，但限定在双拼上，就好写了；再具体到如何使用小鹤双拼输入方案来提高打字速度，就更好写了，不到两千字就可以解决问题。它就是一个有用的、完整的教程。

三、保持更新

教程须与时俱进，保持更新。特别是软件相关的教程，版本迭代快，教程更要及时更新。这样看来，微信公众号不适合作为一个教程平台，因为发表后就没法更改了。

你或许说，我懒，只想写一遍，写好了就不愿改了，有没有不改的招儿？

不愿更新就写变化比较慢的事物的教程。比如同样写修车教程，你写修发动机的教程可能就不需要怎么更新，因为几十年来汽车发动机变化都不大。但如果写汽车导航的教程，电子设备更新快，每代车的导航可能都在变化，就要保持更新。

四、要有总结

教程的最后要有总结，如果能夹带干货更好，比如我在提高打字速度一文中，最后总结是这样的：

（1）双拼除了能提高输入速度外，它还可以减少按键次数，符合认知习惯，让我们的大脑更多地去思考，而不是将注意力放在击打键盘上；

（2）创造使用环境，不要做单纯的无意义的练习，边用边学更有成就感；

（3）坚持使用，逐渐熟练，形成习惯，这其实是学会任何技能的方法。

这个简单的总结，让整篇文章提升了一个层次，它不再只是一个简单的教如何打字的文章，而升华为认知方式提升、习惯养成，以及学会其他任何技能的方法论上，是不是看上去高级了许多。

让新手按照教程获得一个有效的产出

最后我们也对这篇如何写出高价值教程的文章做个总结。我们假设教程的目标用户都是小白用户，所以尽量使用通俗的语言，必要时引入类比、可视化、实例等方式，一步一步教会他人如何做事，或者教会他人如何提高效率。

写作过程中努力完成 WWSH 这样的一个框架，要让人知道你想教会他什么东西，为什么要学它，有什么用，在什么情境下操作，指令一定要清晰而具体，这样才能让新手按照教程获得一个有效的产出。

第四章

高效决策：人生持续成功的底层算法

人生有诸多十字路口，需要我们不停地做出选择。当面临重大选择时，人生算法可以帮助我们做出未必最对，但却最适合的决定。这种确保我们持续成功的底层能力，是概率的游戏场。

01 / 高手是如何超越大众的

前面我们谈到了“第二层次思维”，该模型是著名投资家霍华德·马克斯提出来的，他在巴菲特读过两遍的著作《投资最重要的事》中第一章就谈到了第二层次思维。他认为成功投资者的定义是要比市场及其他投资者做得更好，而要做到这一点就需要非凡的洞察力，就需要第二层次思维。只有当你的思维与众不同，才能看见别人看不到的，想到别人想不到的，做出更加正确的决策，超过平均水平。

第二层次思维就是与众不同且更好。

我们来看马克斯举的两个投资市场的例子：

第一层次思维说：“这是一家好公司，让我们买进股票吧。”

第二层次思维说：“这是一家好公司，但人人都认为它是一家好公司，因此它不是一家好公司。股票的估值和定价都过高，让我们卖出股票吧。”

那些通过看报纸头条、听股评获得市场信息，并根据股评人的言语来购买或者抛售股票的投资人都是第一层次思维。再看一个例子：

第一层次思维说：“会出现增长低迷、通货膨胀的前景。让我们抛掉股票吧。”

第二层次思维说：“前景糟糕透顶，但是所有人都在恐慌中抛售股票。我们买进！”

通过这两个例子我们发现，第一层次思维是一种感性的看法和观点，单纯肤浅，人人都做得到，比如，“政府在调控，房价要跌了，地产公司的股票也会下跌”；第二层次思维迂回而复杂，需要考虑很多东西，对于房价，他们会这样考虑：

未来可能出现的结果会在什么范围内？

我正确的概率有多大？

人们的共识是什么？

我的预期与人们的共识有多大的差异？

价格中反映的共识心理是过于乐观还是过于悲观？

第二层次思维需要大量的复杂工作，而我们的大脑又喜欢偷懒，所以第二层次思维的人要比第一层次思维的人少很多。大量具有第一层次思维的人对同一件事有同样的看法，推导出相似的结论，做出相同的行动。

而投资市场是一个零和游戏，所有投资者都战胜市场是不可能的，因为他们合起来就是整个市场。随波逐流地做任何事都是一样的，盲目从众，只能到达平庸的水平。

形象地说，第一层次思维的人就是一种“韭菜思维”，认知单纯而肤浅，有着迷之自信，不管事情是简单还是复杂，他们都喜欢用直觉和习惯判断，缺乏深入学习的动力和能力，没有耐心却非常贪婪。具有这种思维的人会被市场收割。

而具有第二层次思维的人，能深刻地思考，不但能看到直接结果，还会从结果找出原因，以及这个原因可能带来的其他后果，然后做出虽特立独行但正确的决策，他们是市场的赢家。只有第一层次思维的人广泛存在，第二层次思维的人才能获得超额收益。因此，聪明人就说了："不要看不起笨人，他是我们的衣食父母，没有他们，你从哪儿赚钱？"

◆◇重视二三阶效应

达利欧在《原则》一书中也表达了相似的观点，他在《原则》中强调要考虑后续与再后续的结果，这个后续与再后续结果就是二三阶效应，直接结果是一阶效应。如果人们过度重视一阶效应而忽视二三阶效应，就很难达成想要的最终目标。

很多事情是一阶效应为负，二阶效应为正，直接结果和后续结果的可追求性，通常是相反的，这会带来重大的决策失误。追求直接结果就是第一层次思维，而考虑二三阶效应造成的结果，就是第二层次思维。

比如"反思"这个行为，就是典型的一阶为负，二阶为正的例子。反思具有很高的短期成本，除了花精力回顾，还要坦诚地评估自我，进行深刻的自我批判，而带来的回报可能在未来很长一段时间才看得见。放慢当下速度是为了以后快一点，很多人认为这并不是一个好想法。看看那些跑马拉松刚开始冲得很快，却不能跑到终点的人，就知道不追求当下的速度是何其之难了。

而长期收益为正的，短期收益通常都是负的。比如，锻炼的直接结果（一阶效应）是要花费时间并伴有痛苦感，这并不值得追求，而后续结果（二阶效应）是身体更健康、更有魅力，这是值得追求的，再后续结果（三阶效应）是有了更好的生活、更融洽的人际关系等，这是值得追求的。同样，很多人喜欢刷短视频，就是只追求直接结果、当下的刺激，而没有考虑刷短视频既浪费时间，也不会对个人健康、幸福生活带来益处。

直接结果是诱惑、是刺激，让人们沉迷当下，不再去追求真正想要的东西。直接结果也是一道障碍，那些跨不过这个障碍的人会受到惩罚。如同我们前面说的韭菜思维一样，追求一阶效应而忽视二三阶效应的人会被市场无情地收割。

◆◇众生畏果，菩萨畏因

看到这里，你或许有这样的体会，说了半天，不就是佛学中的“众生畏果，菩萨畏因”吗？有智慧的人重视原因，而大部分的人，即众生，更关注的是结果 。

古人确实有智慧，这么多年了，知识在快速增加，但智慧并没有增加多少。我做了一个表格，对照一下会更清晰：

第一层次思维	第二层次思维	
一阶效应	二阶效应	三阶效应
果	因	因的因

图 10

第一层次思维，看重的是直接结果，只考虑一阶效应，但有时候，当我们要解决一个问题时，无意中会制造出一个更大的麻烦。比如最近大家都关注的计划生育政策，当时为了控制人口增长，制定了计划生育政策。过了几十年后就面临着一个更大的问题，人口的老龄化。

而第二层次思维，考虑的是因，以及因的因，在解决一个问题前，除了解决当前的麻烦，更要思考可能会带来的二阶和三阶效应。如果能在问题发生之前就知道会发生这些问题，我们便可以采取措施避免以后会出现这些问题。

这并不是一件容易的事情，任何说它是容易的事的人都是愚蠢的。

——查理・芒格

第二层次思维并不是一件容易的事，需要大量的工作，从系统、交互和时间的角度来考虑都是不容易的。然而，只有这样做，才能摆脱平庸，超越大众。

聪明人事前预防，普通人事后治理。13 世纪的法官布雷克顿曾说“一盎司的预防抵得上一磅的纠正”。只有训练第二层次思维，才能做出与众不同且更好的决策。

02 / 决策是概率的游戏场

我们一生会遇到无数的决策，决策质量决定生活质量。很多人可能觉得自己不需要做什么决策，按照规定的路线走就好了。但如果我说决策是选择的一种，你就不会觉得决策与你没有多少关系了。决策是一种选择，是会感到比较纠结但必须做出的一种选择。如果只有一个选项就不存在决策问题，那只需要决心。如果你想要过上自我主导的生活，首先得选择做什么（决策），然后还得有勇气去做（决心）。我们这一节来谈如何做出一个高质量的决策。

我们说决策就是从多个选项中选出一个，那么理性的做法是依次评估判断这些可选项，然后从中挑出最佳选项。但是心理学的底层模型——选择性注意理论告诉我们，在一个瞬间，人只能关注一个焦点，所以我们天生不会逐一评估这些选项的优劣，而是直接通过系统 1 快速做出决策。丹尼尔·卡尼曼在《思考，快与慢》一书中将我们大脑中做决定的系统分为两种，系统 1 指我们的直觉系统，它通常是快速、自动、毫不费力地和情感控制的。我们在生活中大部分的决策都是依赖系统 1 的思维方式进行。例如，在路上听到铃声，我们会向路边闪躲。相比之下，系统 2 较慢，是有意识、费力而合乎逻辑地推理。比如，计算 66+77 的结果，就得依靠系统 2。

大多数情况下，我们依赖系统 1 的这种捷径决策方式是够用的，比如直觉上，一个物体越清晰，我们就认为它越近，而越模糊，距离就越远。但在有雾的时候，用直觉判断距离的方式就可能会出差错。特别是当飞行员要在大雾天飞行时，就不能光靠眼睛看，还得使用测距工具测量实际距离。

◆◇我们为什么会做出愚蠢的决策

但即使依赖理性的系统2，我们也经常会做出愚蠢的决策，这有很多原因，比如：

1. 我们的信息是错误的

在这种情况下，我们依赖于推理的事实和假设原本就不正确，得出的结果当然是错误的。

2. 我们使用错误的模式

我们用模型来做决策。这些模型的质量决定着我们思维的质量。我们使用错误、不完整或不正确的模型有多种原因。例如，当我们是新手或者在我们专业以外的领域工作时，就会使用不太有用的模型。而随着环境变化的速度越来越快，出现错误模式的概率也在增加。

3. 做容易的事而不做正确的事

我们是进化的产物，为了生存，我们总是先做容易的事，比如先摘低处的果实，喜欢轻松的故事，跟随大众的步伐。这让我们缺乏强烈的自我意识，努力寻求外在认可或逃避惩罚。

系统 2 虽然也会做错事，但它是可以不断改进的，《决策的艺术》的合著者约翰·哈蒙德说提高你做出正确决定的概率的唯一有效方法是：**学会使用一个好的决策方法，一个能够以最小的代价（时间、精力、金钱和内心安宁）得到最好的解决方案。**

当然，对所有决策都使用同样的策略也是愚蠢的。我们将常见的决策类型如图 11 分为四种：

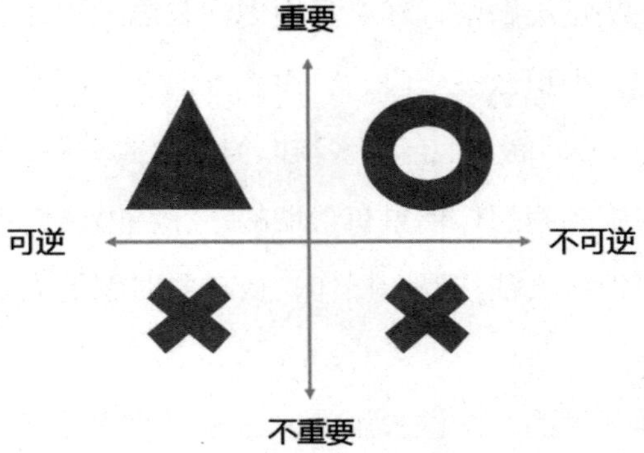

图 11

- 不可逆不重要
- 不可逆重要
- 可逆不重要
- 可逆重要

针对不同类型使用的策略如下：

不重要的区域，是你提升决策水平的训练场。如果你已经具备良好的决策能力，可以直接将这类决策委派给他人。比如你到一家熟悉的餐馆，你想换个口味，品尝一个以前没吃过的菜，于是叫来了熟悉的服务员，让他根据你的口味帮你点一个菜，至于上什么菜，让服务员全权决定，你信任这家餐馆，也信任这个服务员。

可逆而重要的决策经常误导你，让你误认为它们是重要的决定。你要**在这种决策任务中做决策试验和收集证据。**恋爱就是看上去重要但是可逆的决定。恋爱不成功还可以重新来过，你损失不了什么。谈恋爱是你学习成长的试验场，你在恋爱过程中探索自我和理解对方，至于最后结果如何，不应强求。

重要而不可逆的决定才是你要真正关注的。相对于谈恋爱，结婚就是重要而不可逆的。在决定结婚前，你要多用理性去思考和评估。你或许要说，感情就要轰轰烈烈，想那么多干吗，一点都不浪漫。比起一时的浪漫，一辈子的幸福更重要，这节后面我们还会多次以男女感情举例，如果你还没结婚，一些建议或许对你找到理想伴侣是有帮助的。在结婚这件人生大事上多花点精力没有坏处，可很多人往往反向操作，谈恋爱时想得太多，结婚对象的选择却很轻率。

在介绍如何用科学的方法做决策前，先做点准备工作，我们热热身，谈谈决策中三个重要的基础知识：概率基础、机会成本和沉没成本的概念。

◆◇决策是概率的游戏场

如果在重要决策时考虑一下概率，可以避免很多损失，比如当你知道香港六合彩中奖概率只有千万分之一后，可能就不会再幻想着通过购买彩票而一夜暴富了。

所谓概率，其实就是某件事发生的可能性。最早研究概率的人是那些博彩从业者，他们以赌为生，成天在赌桌上想着怎样才能增加赢的可能性。拿掷单个骰子为例，出现数字 2 的概率是 1/6，其他各个数字出现的概率也是 1/6，所有可能的概率加起来就是 1。由此，我们就有了概率基础的三个公理：

公理 1：任何事件发生的概率都在 [0,1] 之间。知道随机性是普遍存在这个道理后，我们明白完全不发生和肯定发生的事很少，这就如同金子的纯度永远不可能达到 100% 一样。

公理 2：所有可能的结果之和等于 1。比如我们抛硬币，正面朝上的可能性为 1/2，背面朝上的可能性也为 1/2，立起来的可能性为 0，这三种结果的和就为 1。如果所有可能性的总和小于 1，那么就是你没有将结果列完整；若大于 1，那是混进来了奸细，要找到并清理出去。

**公理 3：假设 B 包含 A，那么 A 发生的可能性不高于（小于等于）B 发

生的可能性。假如你考上重点大学的可能性为 30%，清华属于重点大学，那么你考上清华大学的可能性不会大于 30%。这一点看起来很显然，但在实际应用时由于自身偏见的存在，往往会出现错误。

这就是概率的三条公理，单独拎出来很简单，吃着火锅唱着歌就懂了。下面我们再用点篇幅介绍一下概率的三种类型：

1. 古典概率 之所以叫作古典概率，就是因为它是最古老的概率类型。它是从掷骰子和轮盘赌等事件中总结出来的一些随机事件发生的可能性。比如掷单个骰子，在对骰子没有做手脚的情况下，任何一个数字出现的概率都是 1/6，出现偶数的概率是 1/2，出现奇数的概率也是 1/2。这就是古典概率，可以基于数学知识得出事件发生的概率。

2. 基于频率统计的概率 有些事件是无法用数学知识写出发生概率的。比如有一天我在中关村等人，从中关村的天桥上看桥下车流，我想知道，桥下每分钟通过的红色家用车占所有车辆的概率。

这个数据我怎么才能得到呢？我只能去数，假设每分钟通过的总车辆数 100 是不变的，第一分钟我数了有 6 辆红色小车通过（概率为 6%），第二分钟有 9 辆（9%），第三分钟有 8 辆（8%），数的时间越长，得到的数据越多，平均后计算出来的概率与真实的红色小车出现概率越接近。

我们对一个人是否靠谱也是基于频率来推断。假如单位小王找你借钱，是借还是不借呢？你考察了小王的借钱记录，他找很多人借过钱，10 个人里面有 9 个人说小王很守信用，借了钱总会在规定的时间归还。你算了下，小王还钱的可能性有 90%，挺高的概率，于是就把钱借给了他。但这里有一点需特别注意，90% 的还钱概率是建立在一个强假设之上，即小王还钱的意愿是稳定的，假定小王一直在公司工作并有稳定的收入。但如果借钱第二天小王辞职移居国外，那这个 90% 的概率就可能无法保证。

3. 主观概率 有时候，我们既不能用古典方法写出一件事发生的可能性，也没法用数据统计出可能的概率。这时，我们可能就会去猜。猜出来的概率就是很主观的概率，对同一件事，大家猜出来的概率会有很大的差异。我们知道，主观通常是不可靠的，尤其当涉及数字时，我们会依赖原有经验和偏见来推断。很多人担心飞机的安全性，不敢坐飞机，认为在天上飞，飞机坏了就掉下来，损伤惨重，比其他任何交通工具都要危险。

但根据资料统计，飞机是目前世界上最安全的交通工具，它发生重大事故造成多人伤亡的事故率约为三百万分之一，假如你每天坐一次飞机，飞8200年，才有可能会遭遇一次飞行事故。三百万分之一的事故概率说明飞机这种交通工具是最安全的，它甚至要比走路和骑自行车都安全。但为什么我们会觉得飞机失事那么恐怖呢？这源于我们的记忆陷阱。由于媒体的频繁报道，会造成空难频繁发生的假象，将扭曲我们对这类特殊事件的记忆，从而也扭曲了对它们发生概率的估计。

◆凡选择就有机会成本

假设在这样一个场景下：你是个漂亮又温柔的美女，同时有几个男士在追你，有的长得帅，有的家里很有钱，有的非常会照顾人，你该怎么选呢？

你选了其中一位，就意味着会失去其他几位，这就是机会成本的概念。**机会成本是为了得到某种东西，要放弃另外一些价值最高的选择。**假如你是个颜值控，几番权衡后相中了最帅的小明做你的男朋友。从理性的经济角度来讲，你选择小明的机会成本就是其他几位追求者中身价最高的那位。

或许你不服，说这算法不对，我跟小明在一起的机会成本是剩下那几个的身价总和，因为他们都愿意为我花钱啊。好像有点道理。但机会成本计算是以现在和未来为准，自你公布跟小明的关系后，他们都不愿再花心思在你身上了。所以机会成本我们取的是可选择的最大值，因此它又被称为**替代性成本**。

在跟小明相处了一段时间后，你发现小明有很多不好的习惯，比如喜欢宅在家里玩游戏，叫他陪你去逛街也不乐意。你有点后悔了，想起了曾经某某对你的温柔与体贴。现在如果你要和小明分手，你在小明身上投入的感情、时间和金钱等，是沉没成本（因过去决策已经发生，而不能由现在或将来的任何决策改变的成本）。你此时离开小明的机会成本不包含这些已经产生的沉没成本。

你可能还有个疑问，如果当时只有小明一个人追我，我选择小明的机会成本是多少？答案是零，也就是说你选择小明不需要付出机会成本。因为不是决策者可选择的项目不属于决策者的机会。当你只有小明可选时，你跟小明在一起的机会成本可以忽略不计。当然我们在这里不考虑未来会遇到比小明更好的男士这样的可能机会。

机会成本是我们做决策时的一个重要概念。它有时是非常主观的，是不能计算的，比如你喜欢吃香蕉，不喜欢吃苹果，那你吃苹果所付出的机会成本就要比吃香蕉大。它有时候又是可以计算的，有可能等于会计成本。在企业管理中，机会成本 = 外显成本 + 隐含成本。外显成本即实际的支出；隐含成本则为时间、效益等。

最后，请再思考这样一个问题，如果你当时跟小明的恋情没有公开，你也没有断开和其他几位的联系，你跟小明在一起的机会成本是不是会低很多？这将是我们后面会谈到的冗余备份的好处。

关于机会成本的小结：机会成本所指的机会必须是决策者可选择的项目，若不是决策者可选择的项目便不属于决策者的机会；放弃的机会中收益最高的项目才是机会成本，它不是放弃项目的收益总和；沉没成本通常不计入机会成本。

◆◇避免沉没成本陷阱

我们人类是感情动物，容易受“沉没成本”影响。沉没成本是过去已经发生且无法收回的成本，它与决策无关，因为我们无论如何努力都无法改变过去。一个理性的人要做出的最佳决策应使未来收益最大化。但沉没成本常常影响我们做出高质量的决策，主要原因是一旦我们投入金钱、时间和精力后，就产生了惯性，有延续这个行动的倾向，这就是“沉没成本谬误”。

为什么我们愿意一错再错呢？是因为人有强大的一致性需求。很多情况下，我们认为一致性要比“正确”更重要，为了维护这种一致性，我们宁愿一直错下去。如果你真的想改变，要认识到这个倾向，尽量避开沉没成本谬误。我来举个例子：假设你在某高档餐馆点了一顿大餐，菜上来后发现分量很大，你很快就吃饱了。但看到这么多好吃的东西，你就接着吃，直到撑到胃疼你才罢休。这不是在享受美餐，而是在花钱受罪。餐费既然已经花出去，它就是沉没成本。你的最佳策略是吃到舒服，让自己的快乐最大化。

那如何避免沉没成本陷阱呢？可以采用零基思考这个工具。

零基思考法

零基思考的核心是让思维回归原点，从头开始思考的方法，让我们放下以前的存量，摒弃所有不起作用的惯性思维。它由零基预算 ZBB（Zero-Base Budget）引申而来：

零基预算是指在编制成本费用预算时，不考虑以往会计期间所发生的费用项目或费用数额，而是以所有的预算支出为零作为出发点，一切从实际需要与可能出发，逐项审议预算期内各项费用的内容及其开支标准是否合理，在综合平衡的基础上编制费用预算的一种方法。

因此零基思考就是从零开始，假设回到当初的状态，你白手起家，你重新来过，摆脱惯性，摒弃原来的存量，重新设计你的生活。这种思考方式能帮助你改进决策过程，避免重复过去的错误，鼓励采取有益的行动。它跟以前我们说过的“第一性原理”有些相似但也有很大的不同。第一性原理是从事物的最原始状态开始，而零基思考则从零这个状态开始，零是一种混沌状态，零不是没有，零是万有，从零开始有很多可能。

零基思考就是让你按下生活的暂停键，如果你已经赚到了很多钱，但为了事业，你放弃了跟家人在一起的时间，很少陪伴牙牙学语的孩子，现在让你回到 3 年前，相对于现在，那时的状态就是零，让你重新选择，你还会使用跟上次一样的策略吗？这就是零基思考的方式，也是它的核心原理，按下暂停键，问自己下面的这个问题：

如果我（做决定前）知道现在（做决定后）我知道的，我还会做同样的决定吗？如果答案是肯定的，继续执行现在策略就是正确的。如果答案是“否”，则应回到零点，避免出现这种情况；如果情况已经开始恶化，则要尽快退出。当我们把注意力集中在零点上时，就会认真评估眼前的局势，并决定是否要处理这一问题。在某些情况下，最好的解决办法是避免或摆脱这种情况，以减少损失。有效使用 ZBB 的关键是知道何时退出，并在必要时实际退出。

为什么用零基思考法能消除沉没成本谬误呢？因为用零基思考强制暂停，由零开始，能消除思维中对沉没成本的关注，让我们不再承受以前决定的负担，而是重新设计未来的生活。

◆冗余备份让你决策更从容

备用轮胎、第二份工作和额外的桥梁支撑有什么共同之处呢？答案是它们都是冗余备份的实现方式，这种模式就是“冗余工程”系统，英文为 Redundancy（这个词在英文中还有“裁员”的意思），为达成目标多准备一份或多份可以实现同一功能的系统，以备不时之需，减少失败的可能性。

冗余方案可以添加到各种系统中，能够帮助我们避免灾难发生。了解工程中的冗余模型，以及其他方面的备份，可使我们做出高质量的决策，并应对生活中突发的意外情况。

工程中的冗余是什么

典型的工程冗余指的是向系统添加“额外”的关键组件，它是利用系统的并联模型来提高系统可靠性的一种手段，这样当某个系统出现中断时，另一个系统就可以接管。在工程领域有很多这样的例子，从飞机的控制和动力系统，再到数据中心大量使用的额外硬盘和第二电源。人体也是一个冗余系统，我们有两只眼睛、两只耳朵、五片肺叶，这样在一个出现故障后，其他的还能正常工作。互联网也是一个典型冗余实例，它的大多数核心传输网络和站点都被设计成可以抵御单个连接或节点的故障。

工程以外的应用

冗余备份是查理·芒格提到的一个重要模型，它源于工程学，但思路可以应用到很多领域。一旦你尝试给生活增加稳定性、可靠性，就会找到很多这样的例子，看看你住的房子：如果停电了怎么办？安装一台发电机。下暴雨排水口堵了怎么办？提前准备一个抽水机。冬天家里的水暖坏了怎么办？准备一个电暖器。

但冗余备份并不总是值得的。我们从上面的实例中不难得出关于冗余的两个特征：①向系统中添加冗余肯定会增加整个系统的成本。②在不同的系统、不同的场景中，失败带来的后果是不一样的。

考虑了这两点后，在向系统中添加冗余时，就要权衡增加它的成本和如果没有冗余机制所带来的后果。

- 如果系统中断，你会失去什么？
- 预防某种故障发生需要付出什么代价？
- 增加冗余的成本是否大于潜在的损失？

我看过一则报道说美国的总统和副总统出行去同一个地方开会，会分别乘坐不同的专机。这就是一个冗余备份方案，如果一架飞机出事，也不会使国家陷入没有领导人的境地。

那如果一个上市公司的总裁、副总裁去同一个地方会不会这样做呢？一旦你发现为系统增加冗余可以避免一些失败，就可能会不计成本地增加一些备份方案，但它们并不都是值得的。

为个人财务增加冗余

在日常生活中也有很多冗余方案的使用。我最喜欢的一个例子就是个人财务的冗余应用。把你的收入看成一个系统：

- 你是怎么赚钱的？
- 你有多少个收入来源？
- 如果主要收入出现问题，会发生什么？
- 假如你是双职工家庭的一员呢？
- 若夫妻双方在同一个单位工作，情况会有什么不同？

我们通常不会对个人及家庭的收入使用冗余方案，但这一点其实值得我们去不断思考。很多理财顾问早就想到这一点，他们会建议双职工家庭的夫妻不要在同一个单位上班，以防出现公司裁员或倒闭等带来的不可承受事件发生。一些顾问还会建议每个人都要在主营收入外，增加其他的收入渠道。

◆科学决策四步法

有了前面这些知识做铺垫后，我们看看什么是科学决策法。希思兄弟写过一本叫作《决断力》的书，总结了科学家研究的关于决策方法的最新成果，书中总结了工作生活中做出更好选择的四个步骤：

第一步：看看都有哪些选项

好的决策必须有更多的选项。日本有句谚语说“井中的青蛙对浩瀚的海洋一无所知”。你想要好的选择，你得看到更大的海洋。如果你只有两个选项（要么选，要么不选），你就容易钻牛角尖，有 52% 的决定是错的，但如果增加一两个选项后，选错的比例会下降到 32%。有时候你意识到有更多选择，能帮助你做出更好的决策。

那如何增加选项呢？一个重要的方法是借鉴。看看那些成功者都用了什么方式。每个成功的案例可能都会启发你获得更多的选项。

第二步：对选项进行评估

当有了更多选项后，将它们摆在一起比较，然后统一选择。要避免“确认偏误”（倾向于为相信的事物寻找证据），你可以向更多人寻求意见，对选项优劣进行客观地评估。

第三步：确定一个选项

选择时不要被短期情绪左右，要从长计议。希思兄弟建议使用 10/10/10 法则。就是跳出当下视角，用三个时间尺度衡量一个选项：

- 10 分钟后，你对这个决定的感想是什么？
- 10 个月后，你是怎么想的？
- 10 年后，你又会有什么样的感想？

第四步：保证冗余度应对不确定性

很多人会陷入过度自信，我们往往对自身的判断和决策的准确性过于自信，经常 all in，押上全部筹码。但是老江湖都会留一手，在一些重大决策上，他们不但会买保险，他们还有 B 计划。

◆◇心理学家的捷径

除了用上面四步法全面衡量做决策外，心理学家卡尼曼还给我们一个更简单有效的决策指导，他建议用下面这三步来做决策：

1. 对选择结果有重大影响的因素，不要超过六个（为什么不超过六个呢？因为我们的工作记忆容量只能存 4 ~ 5 条）。

2. 按照统一标准为每项因素打分，比如说以满分 10 分制进行。

3. 将分数相加获得总分。

比如你要留学申请学校，在其他条件差不多的情况下，可选择几项你非常关注的可量化因素，比如城市安全、校园环境、饮食习惯。然后为这三项逐一打分，再计算总分。这看起来很简单，但比凭感觉选学校靠谱多了，也比老师和家长给的建议更有参考性。

◆ 计算机科学家的算法

37% 规则

在计算机科学家的眼里，只要有固定的规则，一切就都是可以计算的。比如你是一个女青年，现在 18 岁，想在 40 岁前结婚，采用什么样的策略才更有可能找到如意郎君呢？

《算法之美》中说这个问题数学家帮我们找到了完美的解决方案。上面这个女青年的问题在数学家眼中，就是一个最佳停止问题，是探索跟利用之间的权衡，而解决这个问题的策略是：将 18 岁到 40 岁这段时间分两段，在第一阶段，你只恋爱不结婚，根据你的择偶标准，同对你有兴趣的男士相处，在相处过程中要记住你最喜欢哪位男士的特征。

等过了一个年龄段就进入第二阶段，具体来说就是到你设定结婚期限的 37% 后，你想在 40 岁结婚，那么这个分割点就是 26.1 岁。到了第二阶段后就是决策期，一旦遇到比你最喜欢的那个人更好的，或者跟原来那个差不多一样好的男人，就毫不犹豫地跟他结婚。

两阶段策略和 37% 这个数字，是数学家好不容易算出来的，人们把这个方法称作37%规则。它并不能保证你找到最好的如意郎君，但在假定好男人随机出现的情况下，是可以找到足够好的结婚对象的好方法。从概率角度来说，如果你没到37%（26.1岁）就结婚，你将来可能会后悔早结婚了；而在37%后再结婚，你可能后悔错过了理想中的对象。

这一点也跟我们的常识是相符的，我们看到小孩子喜欢探索，碰到什么东西都往嘴里塞，尝尝好不好吃，虽然每次都不一定合意，但有可能会碰到美味的食物。而老年人则比较保守，总是跟固定的朋友联系，去固定的餐馆吃同一道菜，这也不能说他们保守，应是老顽固。因为老年人已经过了探索期，知道什么是最好的，他们只想更好地利用探索到的资源。这些可能都是常识，就像黄金分割点一样，数学家只是帮我们做了一个量化。

因此，记住37%这个数字，这个规则使你成为一个理性人，能让你在不确定性世界中做到最好，使你无怨无悔，不再纠结。

最近最少使用原则

请思考这样一个场景，你买了一箱书，收到货后发现家里的书柜满了，你为了给新书腾出空间，想将一些不常用的书捐给社区的图书馆，那么你会挑哪些书呢?

理性的你可能会问自己下面四个问题：

1.我拥有它多长时间了？

2.它有什么用（功能）？

3.是不是跟我已经有的某样东西一样?

4.上次我使用它是什么时间?

暂且放下你心中的这四个问题。我们看看计算机科学家是怎样挑选要捐出的书的。计算机科学家说这个问题跟计算机程序对内存的管理思路是一样的。相比于外存（硬盘），计算机内存是非常稀缺的资源，科学家为了提高计算机性能，会对程序占用内存做优化，他们曾尝试使用随机性和先进先出等原则，发现都不是最优解。最后他们找到的一个原则是，释放“距离最后一次使用时间最远的程序占用内存”，换句话说，就是将最近最少使用程序占用的内存释放出来。这一点从逻辑上也能推理，比如一本书你在10年前翻过它，然后它就一直躺在书柜里，那么下次你使用它还可能在10年后。它的重要性显然就不如你昨天查资料刚用过的一本书。

依据计算机科学家的原则，我们发现上面你问的四个问题中关键的问题是最后一个，关于最近使用时间的。培根说“合理地安排时间，就等于节约时间”。时间是最稀缺的资源，是一个重要的衡量标准，很多决策难以确定时，从时间这个维度思考或许就豁然开朗。

◆◇没有完美的决策，只有足够好的选择

最后需要明白的是，虽然我们找了数学家，找了心理学家，还找了计算机科学家，但完美的决策是不存在的，因为你不可能穷尽所有可能选项。但是做出足够好的决策似乎是可能的。决策这个技能和其他技能一样，多尝试，要敢于冒险，敢做决策，随着不断练习，我们的决策水平就越来越高。因此做好决策的一个方法就是要不断试水，而试水的三个原则是：

一、尽量多尝试

不要害怕决策，不要将决策机会让给他人，任何决策都隐含一定的风险，如果想掌控自己的命运，就得面对现实，能独立做决策，并承担相关责任。

二、尝试要可控，确保不会带来灾难性后果

先用不重要的决策训练决策能力，再在重要的可逆决策中做实验，对重要不可逆的决策要有冗余备份。

三、获得反馈，从结果中调整做法

像计算机一样，通过试错，不断迭代，不断调整，形成一个闭环，这样

才能使做决策的“算法”越来越有效。

总之，决策是一门需要我们一生精进的技艺，永远不可能达到最好，要有一些冒险精神，用古人说的“尽人事，听天命”的态度对待决策或许是值得提倡的。下一节再看一个帮助我们在不确定性中降低决策风险的模型。

03 / 杠铃策略：如何在不确定性中做决策

前面我们谈了做决策的方法。而要训练自己的决策水平，在生活中很多人的机会并不多，经常还得不到有效反馈，或者反馈滞后。但如果你去做投资，会发现时时刻刻都在做决策，选哪只股，什么时候买，买多少，持仓多少时间，而又在什么时候卖，卖多少，都是决策。在二级市场反馈也很快，你做的决策是好还是坏，马上就用金钱给你量化。这节我们学习一个从投资行业衍生出来的“杠铃策略”，能够帮助我们在不确定性中做出高质量的决策。

大多数投资者，会平衡资产，寻找中间的舒适位置，喜欢投资中等风险和中等回报的证券。这看上去很稳妥，既不能大富大贵，也不会损失本金。但这是最好的策略吗？投资的目的应是追求损失最小、利益最大，而不是为了达到稳定的平均水平。况且追求稳定的平均回报看上去没有风险，其实潜藏着极大的风险，特别是在快速变化的环境中。历史学家尤瓦尔·赫拉利说：

> 21 世纪没有稳定这回事。如果你想要稳定的身份、稳定的工作、稳定的价值观，那你就落伍了。

◈ 追求中等回报为什么很难

因为获得稳定中等回报的前提是，假设未来和现在是一样的，当下的决策在未来一段时间内都是有效的。但一切都在快速变化，未来很难预测，因为：

1. 运气和随机性是不可避免的

投资家霍华德·马克斯说："即使是正确的决定也不会成功，因为每个决定都需要对未来做假设，即使是合理的假设也会被世界的随机性所打破。"有一些随机事件影响很大，它们会改变游戏规则，纳西姆·尼古拉斯·塔勒布（Nassim Nicholas Taleb）称这些事件为"黑天鹅"。比如刘强东的明大事件对京东股票的影响，就是一个黑天鹅事件。

2. 即使你预测是正确的，也可能弄错时机

马克斯说："即使最终证明是正确的、有充分根据的决定，也不太可能迅速做出。这不仅因为未来事件不确定，而且要知道它们发生的时间也很难。"所以即使你做了一个非常正确的决定，但如果时机错了，那结果也是错的。所以最悲催的爱情不是你喜欢他，他不喜欢你；而是你喜欢他，他也喜欢你，可你已结婚。

不可预测的黑天鹅事件有两种，一种是积极的黑天鹅，对你有好处；另一种则是消极的黑天鹅，让你有损失。而它们都有可能发生。霍华德·马克斯说："你不能预测，但你可以做好准备。"

怎样准备呢？我们看看塔勒布的模型。

◆ 杠铃策略：极度安全 + 高风险高回报

随机性既然无法避免，正确的做法就是拥抱随机性，与之共舞。塔勒布在大部分投资者都追求稳定的平均收益时，使用一种杠铃策略（Barbell Strategy），在消除亏损的同时，还最大限度获得利润。据传闻，这个策略帮他获益数亿美元。那什么是杠铃策略呢？

杠铃在举重运动中我们见过，中间一个横杠，两侧有杠铃片，重量集中在两侧，举重运动员除了有力量，还要掌握好平衡才能将杠铃举起来。塔勒布的杠铃策略具有相同的功能，也不一定是完全一样的，其目的就是要避开

中间的平均部分，用极端的投资组合来平衡杠铃。

杠铃投资组合 = 极度安全的资产 + 高风险高回报资产

其中极度安全的资产占总资产比重为 90%，而高风险资产占比 10%。在保证安全的前提下，用很小一部分去搏更大的收益。这个组合损失有限，但收益是敞口的。

我打一个比方：追求平均收益就是将全部鸡蛋都放在一个篮子里并看好它。而杠铃策略则是将鸡蛋分为两部分，将大部分鸡蛋放在一个篮子中，保证安全；将少量鸡蛋放在另一个篮子里，利用杠杆和投机获得更大收益。

比如将第二个篮子中的鸡蛋拿去孵小鸡，可能会孵不出，那就成了臭蛋。但如果孵出了小鸡，小鸡长大后就能生蛋，获益丰厚。有点像投初创企业的风险投资，失败没关系，但如果有一个能成功，就会有几十甚至几百倍的收益。

我们来看一个例子，现在有甲、乙、丙三个投资项目，额度相同，回收期不同，就是说年回报率（Annual Rate of Return，ARR）有差别：

- 甲项目回收期是 1 年，年回报率为 100%；
- 乙项目回收期是 2 年，年回报率为 50%；
- 丙项目回收期是 4 年，年回报率为 25%。

投资既要高收益，还要在尽可能短的时间内拿到这个收益。在市场上，回报率越高的项目，通常风险也会越大。假如将你的资金平均分成两份，你会如何投资呢？

很多人喜欢中间的舒适位置，将两份资金全部投到年回报率为 50% 的乙项目上，他们想要中间稳定的回报，认为中等回报的风险也是中等的。如果将两份资金全部投资在乙项目中，在第一年就能回收一份投资（50%×2=100%）。看起来还不错，但还有更好的投资策略吗？

我们用杠铃策略投资看看结果如何。我们说杠铃策略是极度安全的资产跟高风险高回报资产的组合，所以我们将乙这个中间选项排除，我们选择了杠铃两侧的甲和丙，分别投入一份资金。我们看看第一年的收益：甲 100% 收回，丙可收回 25%，共计 125%（100%+25%）。可以看出甲和丙杠铃组合的投资回报要高于 2 年期的乙项目组合。这就是杠铃策略的优势，不追求平均，而是通过极度安全和高风险的组合获益。

◆◇杠铃策略为什么有效

塔勒布将世界分为两个领域，第一个领域叫平均斯坦（Mediocristan）。比如屋子里有 100 人，平均身高是 175 cm，姚明走进来，平均身高还是 175 cm，不会到 176 cm，这就是平均斯坦。在这个领域，单个罕见事件对总体影响微乎其微。

而在另一个极端斯坦（Extremistan）领域中，比如屋子里有 100 人，平均财富是 100 万，大家都是百万富翁。马云恰巧路过走进来，此时屋中每个人的平均财富变成了十几亿。这就是一个极端斯坦，黑天鹅事件会改变整个态势。这个现象在财富领域表现得尤为明显。每年公布平均薪酬后，很多人都感慨给国家拖了后腿，理解这一点后，你会发现绝大部分人都在拖后腿。

在这样的极端斯坦世界中，杠铃策略能充分发挥它的作用，分别看两侧资金的处境，大部分极度安全的资产非常安全，比全部资产获取中等收益者采用的方式更安全，而10%的高风险投资损失可接受，但收益却是没有上限的。

◆◇工作生活中的杠铃

除了投资外，塔勒布还举了几个生活中利用杠铃的有趣例子。他说像人类这样的单一配偶的物种，为了让自己的基因传递下去，会不由自主地使用杠铃策略。比如有些女性会选择嫁给会计师、经济学家这类能提供稳定生活但又无聊的职业的人。可为了获得基因优势，或者纯粹就是找乐子，她们会跟摇滚明星偷情。这就是女性在使用双重战略中的杠铃策略。

塔勒布还说20世纪最多产的作家之一乔治·西姆农，就用杠铃策略写作，他一年中用来写作的时间只有60天，剩下300天则“什么都不做”，可西姆农非常高产，出版了超过200本小说。

塔勒布也分享了他的写作策略：一方面写任何人都看得懂的散文，另一方面，会写专业的技术性论文，从不写介于二者间的文章，比如访谈、评论、报纸专栏等。

◆公司业务上的杠铃

在快速变化的商业环境中，固守一个产品线、几个爆品，风险显然很大，但盲目多元化也不可取。杠铃策略就是在做好主业的基础上，安排一些资源去试错，这样才能找到新机会。猎豹的傅盛在创业中几次绝处逢生，跨越“非连续性”鸿沟，就是提前用“侦察兵”去新的产业、新的行业侦察试错，从而发现了大趋势和新机会。

总之，在稳定的变化缓慢的环境中，追求平均是一个不错的策略，但在快速变化，黑天鹅频出的不确定性环境中，平均策略反而是最危险的，而杠铃策略通过平衡两个极端反脆弱，让你从混乱中获益。

04 / 避免上当比赚钱更重要

有句话说，这个社会骗子太多，傻子不够用了。由于社会信用机制不健全，对骗子的惩罚不严厉，反而诈骗成功的获益却很丰厚。这就是骗子横行的本源。

有些人辛辛苦苦好多年，省吃俭用积攒了一些财富。可一旦不小心上了骗子的当，瞬间就会倾家荡产。骗子骗走的不只是金钱，还有感情，以及我们对整个社会的信任。不上当是一个比赚钱更重要的能力，今天聊聊一个被骗方总结的防骗模型，自从有了这个模型后，要让我上当就很难了。

在聊这个模型前，先说一个我的小故事：

创业了一段时间后，由于业务发展需要就注册了一个科技公司。在公司刚注册的前几个月，几乎每天都有几个电话推销各种赚钱业务的，我怀疑他们是盯着工商注册资料（这些信息是公开的，联系方式都能查到），给新公司打电话，这些人也知道新公司业务没定型，对各种机会比较敏感。

这类电话推销的多是打着高科技旗号，什么纳米材料、有机分子、美国专利等看上去高大上的词。电话确认后，通常还会收到各种各样奇奇怪怪的东西，他们称之为样品。

这些东西我基本都当笑话看，并学一点他们的营销套路。我的公司当时还用传真机这古老玩意儿，主要是跟客户传输合同，设定的是自动接收。一天，收到了一份陌生的传真，扫了一眼也没放心上就忙别的去了。过段时候来了个电话，为了方便后面的描述，我就叫他供货商。

供货商介绍说他们是做有机分子润滑剂的，这产品新上市，并获得美国专利，政府、军队以及各大企业采购量很大，利润很高，现在要找北京地区的经销商，问我有没有兴趣。我说我一没政府资源，二没军队关系，这生意没法做。然后我挂了电话。

大概过了七八天吧，我把有机分子润滑剂这事儿都快忘了，又来一个电话，来电者我们就叫他采购商吧。他说“我是 ×× 部门的，需要采购一批有机分子润滑剂，不知你们公司有没有货源渠道，待会儿我把采购清单和价格传真给你，如果有的话，可以先付款再发货”。

一会儿后，清单和单价通过传真发过来了，我一看，这不就是前几天那个供货商的产品吗？找出以前那份供货清单，对比了价格，算了算账，这单如能做成可赚 20 多万，抵得上当前公司业务大半年的收入。

况且采购方先付款再交货，商定交货日期，等他付款后我再去采购也来得及，不压钱，无风险，空手套白狼的好生意，为什么不做呢？

于是就激动地联系供货方，他答应得很爽快，说：“你既然愿意经销我们的产品，我们也非常想打开北京市场，货先发给你，销售出去后再结账，唯一要求是收货后付物流运费。”

过了几天，物流公司送来几大铁桶的货，桶不太新，上面贴着纸标签，口封得严严实实。核对后我付了三百多块物流运费，然后往楼上搬。

在搬的过程中，弟弟说，桶里怎么哧啦哧啦的响？我一想，不对啊，润滑剂不应该发出这个声音，晃了晃，确定有哧啦哧啦的声音。但供货方叮嘱千万不要打开封口，说见了空气会氧化，影响品质。

将几个铁桶全部搬上楼后，我觉得还是应该打开看看，确定里面究竟装了什么东西。费了好大劲，撬开了一桶，结果让我们傻眼了。这哪是什么高科技材料，装了满满一大桶泥沙，晃动过程中的声音是沙子跟铁桶的金属壁摩擦发出的。

赚钱梦破灭了，这是一个精心设计的骗局，俩骗子一个饰演供货方，另一个饰演采购方，将几桶泥沙卖几十万。为了弄明白骗子还会怎么演，我后续跟他们还配合了几天。采购方问我货到了吗，什么时间能给他发货，我说已经到了，但你先付款我才能发货。

于是采购方传来一张虚假付款账单，问他为什么款没到账，他回应说跨行付款有延迟（看来他们是考虑了各种情况）。第二天供货方就着急催款，说现在货源紧张，要付十多万的定金才能继续供货。

两个骗子做的这个局由于我们的警醒没能得逞，仅损失了 300 多块的物流费，外加往卫生间倒泥沙堵了马桶，掏了半天。那几个铁桶我留了好几年，提醒自己不要再犯傻，没有免费的午餐，天上不会掉馅饼。

好，故事就讲到这里，我们说说防骗模型。

◆◇ 第一招：在刺激反应中加个缓冲

动物的程序由本能与训练设定，而且已经定型，无法更改，人类却可自创程序，不受本能与训练约束。

——《高效能人士的七个习惯》

应激反应是动物的本能，就像巴甫洛夫的狗一样，经训练而定型，摇铃后即使没有食物，也会流口水。骗术之所以能够得逞，就是因为他们利用了人类对刺激所做的本能反应。比如对奖励和惩罚的应激反应，被剥夺的应激反应，逃避恐惧等。

因此，防骗的第一招就是自创程序，不要立即回应，在刺激和回应间设置一个缓冲区。常见的缓冲方式有三种：

一、时间缓冲

时间是最好的良药，可以延迟时间，停一下再做回应。有时候几个深呼吸的时间，就能察觉异样，发现骗局。

二、理性地评估缓冲

也不需要太复杂的思考，稍微调用一下理性，比如自我意识、独立意志、良知等，大部分的骗局就暴露了。比如我上面的故事，自己既无相关资源，也没有经验技能，想用空手套赚二十多万，天下哪有这样的好事？这个世界的普遍法则是：

付出不一定会有收获，但没有付出，就一定不会有收获。

三、借助外界缓冲

在做出一些重大决定时，可以问问身边置身事外的人，你会听到不同的声音和看问题的视角，这有助于全面客观地对待当前的处境。

在做决策时，刻意使用上述三个缓冲的任何一个，就能筛掉绝大部分骗局。或许你觉得这太复杂了，我就是不理性，冲动，对刺激的耐受阈值低，那还有没有更简单、更好用的办法呢？

还真的有，请用下面这个绝招：完全拒绝主动上门的推销者。

只这一招，能将九成以上的骗子挡在门外。避免被骗的一个基本方法是：努力成为一个主动发射信号的雷达，不要做一个被动的信号接收器。

自我用了这一招后，骗子就与我绝缘了。我经常回想自己受过的骗，包括刚毕业工作时到北京西站第一次打车，被黑车司机拦住，3 公里坑了 200 多元；被主动上门的投资经理套取商业信息，都因为我是被动的，对方是主动上门来的。而我主动找到的都比较靠谱，遇到骗子的概率很小，当然这也是因为我用了下面要说的信任公式筛选。大家也可以想想自己被骗的经历是不是都是这样的，所以拒绝主动上门推销这一招非常好用。

你可能会有疑问，这么绝对，会不会错过一些机会，将好人好事好机会也屏蔽掉了？有这个可能，但可以积极主动地用其他方式弥补。可以将这些主动上门者作为一个信息和视野的提供者，但不要急于跟主动上门者做交易，尤其是在紧迫的时间压力下。

因为主动上门的推销者都提前做好了功课，准备了一整套话术策略来迷惑我们。而我们处于被动地位，不管是信息还是心理上都是劣势方。一些懂心理学的推销者会步步紧逼，诱惑你上钩，有时候，我实在招架不住，会采用延后处理方式，告诉他们等我想想再回复他。

为什么积极主动做个雷达很难上当受骗？因为还有这样的一个续招：

◆◇第二招：信任公式来判定

如果有幸运的上门推销者，或是你主动寻找的人通过了第一道筛选门槛。我再给你个办法，可以用信任公式判定。

知乎用户都比较熟悉“利益相关”这个词，屁股坐在哪边就说哪边的话，商家不会说自家的产品不好，卖瓜的王婆不会说自己的瓜不甜。一旦有利益相关，就很难给出理性客观的评判。

大部分人都意识到，利益相关者不可信，要对他们做的事、说话的信任值打个折。我也在不断地寻找比较好用的信任判定方法。

哈佛商学院博士 David Maister 在他 *The Trusted Advisor* 一书中，给出了一个信任公式，翻译过来就是：

（可信性 + 可靠性 + 亲密性）/ 个人利益 = 信任

亲密性和个人利益比较好理解，我解释一下可信性和可靠性这两个概念。

可信性：

媒体的可信性就是指它的公信力，是日积月累获得的一种权威性。而个人的可信性是指个人的信誉，是一种相互信任的生产关系和社会关系，也需要长期的努力才能获得。

可靠性：

可靠性又叫信度，指的是用同样的方法对同一对象重复测量时，其所得结果相一致的程度。比如京东自营商品，上午下单，下午都能送达，这就说明它送货时间具有很高的信度，是很可靠的。

在公式中，个人利益作为分母，如果完全没有个人利益相关，这个值应是1，即信任由可信性、可靠性和亲密性三者之和决定。而一旦与个人利益相关，就会成倍缩小信任值。

在实际操作中，对方给我推荐某一样东西，如果牵涉到他的个人利益，就需要重新评估。比如前几天我在朋友圈发了一个状态说自己坐久了腰不舒服，想买把好点的座椅。有个朋友给我推荐了一款人体工学电脑椅，并将销售经理的微信推送给我，说这款椅子很好，对颈椎、腰部都有保护作用，他自己也买了一个。

但后来不经意间我发现他在追一个女孩，而这个女孩就是他说的这款电脑椅的销售经理。那么他说的这个椅子功能我能全信，真的有那么好吗？

他可能是为了讨好女孩买了椅子，再帮她多卖出一把，也能让自己在女孩面前增加好感。这就是直接的利益相关者，我就不能太相信他说的话，还需要主动收集资料，比如网店评价、购物论坛口碑等。

最后即使我从他推荐的那个女孩店里买了电脑椅，这个决定也是我自己做的，朋友只是一个信息提供者，并没有直接影响我的最终决策。

好了，前一招，再加上这个防骗续招，别说高明的骗子了，就连你最亲密的人骗你都需要费很大的劲了呀！

第五章

超强的行动力：利用危机弯道超车

我们正在经历一场社会经济环境的巨变，在超强行动力的带动下，我们可以免于继续困在水里，变成一条上岸的鱼。而在真正下定决心、彻底投入、持续行动前，什么都不会发生。我们定下的目标、决策以及拥有的知识技能本身并没有价值，只有通过行动将之变成现实才有价值。

01 / 不确定性下的行动策略

既然真实的世界是不确定性的，模糊的和波动的，那我们怎样行动才能更有益呢?

加拿大莱桥大学管理学院鲍勇剑副教授说，要采用渐确定性策略，就是说要将不确定性转化为渐确定性，逐步接近目标，获得确定性成果。他还给出了三个行动策略:

◆◇一、放弃非黑即白的二分思维

未来既不是确定的，也不是完全不确定的，而是在这两种状态间，机会也存在于二者之中。如果只追求确定，不敢冒险，你就失去了将不确定性化为渐确定性的机会。

◆◇二、先从可接受的小失败开始

就是要不断试错，有枣没枣打三竿试试。人不但有理性和感性，还有一种“动物性”，即行动的冲动，这是从人类基因中带来的。人类能从非洲大陆走出来，遍布到全球，就是这种行动的冲动的结果。

◆◇三、小赢积大胜

我们容易被一个大问题吓住，问题越大，刺激越深，情绪起伏也越大，就会调动原始的自我保护意识，就越不愿意行动。而“小赢”则是找到软柿子，从容易赢的地方开始，让改变悄无声息地融进我们的生活，过一段时间后，就会累积成一个大胜。电影《冰峰168小时》是根据真实记录拍摄的，主人公登上雪峰，下山时跟队员失联，而且还摔断了右腿，掉进了冰缝里，好不容易钻出冰山，发现距离营地还有非常远的距离。此时他并没有将回到营地作为直接目标，而是选择眼前看到的一块小石头作为目标，并规定在20分钟内拖着一条残腿爬到小石头的地方，然后再找另一块前进路上的石头，就这样一小段一小段，他用了几天时间才爬到了营地，最终获得了营救。

我们还要在具体行动中，**将关注点更多地放在行动过程上，而非行动结果上。**我们太过于关注结果，认为结果好，过程也肯定是最优的。如果只考察数量很少的结果，往往会被随机性蒙蔽。风险管理理论家塔勒布举过一个有意思的例子，他说把无限多的猴子放在打字机前，让它们在键盘上乱敲，它们中的一只肯定能一字不差地打出一首完整的叙事诗。

因此，我们要持续优化过程，如果我们的策略是正确的，即使结果不太满意，下次遇到相似的情境，还是要坚持同样的决策，同样的行动。有时候一两次的成功，也不要将功劳全归结于自身能力，可能是运气（我们说的随机性）站在了我们这一边。

02 / 怎样才有超强的行动力

假如我们已经有了一个足够好的目标或决策，但如果不行动，不彻底投入，什么都不会发生。我们定下的目标、决策以及拥有的知识技能本身并没有价值，只有通过行动将之变成现实才具有价值。而持续的行动则是将愿望与现实连接起来的桥梁。

我们为什么会做一件事，比如：为什么要看书？为什么要上班而不去旅游？为什么要离开家乡到大城市打拼？你可能会回答喜欢它们，或者说只有离开家乡到大城市上班，挣够钱后才能旅游。但这些原因背后还隐藏着人为什么会行动的根本问题。

很多聪明人都研究过它。奥地利经济学派的精神领袖米塞斯就是其中之一。他经过多年研究提出了“人的行为学”这样一个关于人的选择和行动的纯逻辑科学，并以人的行为公理为基础，推导出一些有价值、影响深远的结论。既然是公理，就是不证自明的，就是人的行为的“第一性原理”。我们来看看他提出的人的行为公理：

> 人的行为是目的性意图很明确的行动：人们有意识地选择自己的特定目标，并慎重地运用稀缺手段去实现预定的目标，以使主观想象的利益最大化。这就是人类行为的本质。

他的这个公理后来被用来定义经济学概念，即经济学就是研究人的行为的科学。从这个公理中我们能得到行为的三个属性：

- **行为的目标是有意识选择的；**
- **实现预定目标的手段是稀缺的；**
- **想要实现的利益最大化是主观的。**

由此我们可以得出个人或组织的行为就是**实现主观想象的利益最大化。**你去上班，就是你认为工作能让你的利益最大化，而你选择去旅游，也是为了实现自身利益的最大化，这里的利益最大化是主观想象的，所以也就没有低级高级之分。同样的10万元，甲用它买了辆车，乙用它买了块手表，他们获得的满足只是主观想象的，我们不能比照这两个人谁获得的利益更大，他们都在努力让自己主观的、想象的利益最大化。

但我们的行为真的是由自身主观想象驱动的吗？20世纪初，一个叫勒温的德国籍犹太人，提出了场论，说行为是由个人的特定人格和他所处情境共同作用的结果。就是说我们的行为并不完全是自己主动选择的，而是在社会情境和个人因素的双重作用下发生的。勒温的这个发现为心理学的研究起到了奠基作用。

此后也有很多学者对行为的发生机制做了深入研究。具有突出贡献的是斯坦福大学行为设计实验室的创立者B.J. Fogg，他通过对多年的研究成果总结，构建了一个具有实用价值的行为模型。Fogg的学生在这个行为模型的指导下，做出了一些移动APP，其中有几个获得了很大成功。由此，Fogg博士又被江湖人称为百万富翁的制造者。其中最著名的移动APP就是被Facebook用10亿美元收购的图片分享应用Instagram，收购时这家公司只有13个人。现在你可能对这个能帮你赚钱的模型有点兴趣了，下面我给你详细介绍一下。

◆◇百万富翁制造者的行为模型

Fogg说一个人不做某件事，要么是不想做（没动机），要么是不会做（没能力），要么就是忘了做（没提示）。所以他的行为模型由动机、能力和提示这三要素组成，只有当这三个同时凑齐时行为才会发生。用一个等式简化就是 B=MAP，其中 B 是 Behavior（行为），M 是 Motivation （动机），A 是 Ability （能力），P 是 Prompt （提示）。

首先，行为发生必须有足够的动机。动机分为三大类，感觉、期待和归属感，每类又有正向和负向两种，具体为追求快乐，逃避痛苦；期待美好，逃避恐惧；寻求认同，避免拒绝。

第二个要素是能力，就是说用户得有能力完成这个行为，产品设计者也尽量让产品使用更简单、更省力。在真实环境中，产品设计者经常忘记这一点，总是认为用户是万能的，总是假设用户的能力超过他们实际的能力。

理论上来说，我们有两种方式可以增加用户的能力。第一种是花时间和精力教会他们，但这个方法费力而不讨好；另一个方法就是通过改进产品让行为更容易完成。所以产品要简易化，调用尽可能少的资源，比如花更少的时间、金钱、体力和脑力完成，以及行为要顺应日常习惯。这里 Fogg 有一个看似常识的洞见：**大多数情况下行为的发生都是因为这个行为比较容易做。**

提示是影响行为发生的第三个要素，营销人和运营人会在这里大做文章，广告投放、产品运营就是在不断做各种提示。提示内容可以是直接的通知，也可以是最后期限，或者其他任何能触发行动的信号。提示的本质是告知用户：现在行动。而技术的发展能让我们有更多的渠道提示用户，从电话、手机短信再到微信，提示用户越来越方便。

任何想要让用户采取行动的任务必须精心策划，让动机、能力和提示这三个要素同时满足。常见的错误是将大量精力花在提高用户的动机上，我们都知道很难叫醒一个装睡的人，因为他没有醒来的动机。而正确的方法是将注意力放在那些醒来的，并且有意愿的人身上，然后去增加产品的易用性和优化提示机制上。

这个模型看起来好像很简单，但要用起来并没有那么容易。有些人将行为、愿望、结果三者混淆。行为不是抽象的，是具体的、可以执行的一个或多个动作。

体重减轻20斤，2019年争取赚到100万，找到人生伴侣都不是行为。我们首先要将愿望和结果转化为具体的可以执行的动作。比如把体重减轻20斤转化为行动就是每天跑步5公里、吃1个馒头、喝2升水这样可量化的细节。

将一年赚100万分解为每天赚2740元也并不能帮你达成目标，这只不过是将一个大目标拆分成一个小目标而已。正确的做法是将目标转化成行为，比如你是公众号运营者，可能就是每周坚持写5篇文章，推广文章要达到1万以上的阅读量。

我们前面说的电影《冰峰168小时》，是一个励志的故事，亦说明了一个人生道理：盯着眼前的小目标，行动起来，不要停止，就会达成愿望。很多人想一次搞个大动静，要一鸣惊人，一飞冲天，看不上小行动，其实所有的大成功，都是由一点一滴的小进步累积而成的。

知道了行为是由动机、能力、提示三个因素共同作用的结果，我们要阻止一个行为，不让这个行为发生，拿掉任何一个要素就可以了。你可以：

1.去掉提示。比如怕电话打断工作和学习，就把手机调成静音放在另外一间房里。

2.增加行为的难度。比如有的学校将Wi-Fi密码设置成一道数学题的答案，只有算出题才知道Wi-Fi密码。

3.需要更高的动机。有些小朋友在家里爱跳爱唱，让他上台表演却怎么也不去，台上台下表演难度是一样的，但上台表演需要更高的动机。

阻止一个行为的发生通常要比激发一个行为更加困难。很多人小时候有过这样的经历，家里不让玩电脑，爸妈出门时还将主机电源线带走。但我们有的是办法，会找来电饭锅的线接上继续玩。在动机很高时，困难不再是困难，总会想各种办法实现，这也就是坏习惯难以改掉的原因。

◆驾驭动机的三个策略

动机是行为的发动机，是我们做事的动力来源。但我们的动机是起伏不定的，随着时间而波动，时高时低。比如早上我们的动机可能高一些，而临下班，动机会低一些。心理学家发现动机是很难激发的，激发动机是一个不可能完成的任务。那么可采用的显而易见的策略就是不要激发动机，而要驾驭动机，在动机较高的时间里做有难度的事，在动机较低时，做简单的事情或者干脆休息。Fogg 给出的建议是，在动机高的时段，应采用下面三种策略：

1. 行为结构化

我们的行为都不是独立分散的，而是一连串的有序动作。将行为结构化，就像多米诺骨牌一样串在一起，推倒前面一个，后面的也会跟着倒下。

举个例子，比如你想下班后补充点营养再去散步，动机高的时间点可能是刚进门的那一刻，或是吃完称体重发现自己又胖了时，你要在这个时间点准备好跑步鞋，将它放在门口，如果你担心管不住自己，一到家就穿上跑步鞋。这样吃完了东西后你跑步的动机虽然在最低点，但跑步鞋已经在脚上了，你还是会挣扎着出门去运动。

2. 减少阻碍

在动机高的点做准备工作，让稍后的行为更容易发生。比如多喝水对身体有好处。如果你想在工作时间多喝水，最好的办法不是贴一个标签提醒自己多喝水，而是看到水杯空了后就填满它，然后放在右手边不用起身就能够到的地方。自从使用这个技巧后，我的身体就从来没缺过水。

3. 训练能力

在动机的高点，要训练能力。很多人想提升表达能力，表达能力由框架 + 素材 + 修辞决定，其中修辞并不是必需的，用一个适合的框架，适量的素材，就能做到中等水平的表达效果。

如果你想提升表达能力，在动机高、状态好时，收集和记忆一些常用的表达框架。然后在平时看到好的素材就归类和整理，一段时间后，你的表达技巧会有质的提高。

◆五种提示行动的方式

行为模型中的另一个要素是提示。这个要素是行为设计中最有优化空间的。有五种常见的提示方式可触发新行为。如果你了解一个人，你可以选择适合他的行为提示方式。互联网平台记录用户行为、分析用户偏好，就是想找到更优的方式提醒用户购买或实现其他目标。常见的五种提示行为发生的方式是：

一、时间（生物钟）

时间是触发行为最常见的方式。早上的一系列行为就是很好的例子。闹铃响了，眼睛睁开后你会：穿衣服，去卫生间，刷牙，洗脸，吃早饭等。也有一些我们平常不太注意到的时间提示例子。你留心一下，可能会发现在白天某些相同时间点无意识地重复某些行为：每天同一时间刷朋友圈，同一时间抽烟，同一时间喝咖啡，你身体里的生物钟尽职尽责地提示你去做各种事。

如果这些是坏习惯，你可以回想一天中这个时间点的感觉。在很多情况下，动作是感觉的信号。在行为模型中，我们知道动机是行为的发动机，而动机的来源之一就是感觉。你觉得很无聊，刷朋友圈是你想打破单调工作的一种方式。你感到孤独，去休息室抽烟是一种与同事交流、增加归属感的方式。如果你了解这些行为在每天同一时间被执行的原因，就容易用一个新的行为替换它。

执行力强的人都会有固定时间段的惯常行为（习惯），比如每天定时健身、定时吃饭休息、固定时间写作和反思。只有惯常行为才能帮助个人完成需要长时间重复才有反馈的任务。

二、位置（环境）

如果你有这样的经历：进厨房后，看到一盘水果，你去吃只是因为它们到了你面前，你就明白位置对行为的力量了。位置（环境）是无意识行为的最强大驱动力。在许多情境下，行为只是对周围环境的自动反应。我们不但对位置的触发被动响应，还可以主动用它激发新的行为。心理学多项研究发现，新行为、新习惯更容易在新的环境中发生。

有一种理论是我们的大脑将行为分配到特定位置。这意味着在你熟悉的位置（你的家，你的办公室等）上，已经将空间分配给了具体的行为，也就是说这些位置被已有行为占据。如果你想在熟悉的环境中建立新的习惯，就需要争夺已经分配到该区域的提示方式。而在一个新的地方建立新的习惯就像在一个新的白板上写字，你不需要克服任何预先存在的提示。

很多人在家里看不下去书，但是到咖啡馆却能专心致志地看书学习。因为在咖啡馆还没有形成固定的行为提示，而在家里，你的书桌边上可能会放着零食，阳台上有阳光照进来，你就想伸个懒腰休息一会儿。

三、前置行为（事件）

许多行为都是你对生活中发生的其他事件的连锁反应。手机一响，你就会点亮屏幕看。微信未读消息小红点亮起，你想知道是谁发的信息。这些都是前面的事件触发行为的例子。

在设计对行动有用的提示方式时，前置行为是非常有用的。一旦你明白了行动序列，你就可以想办法把新的行为融入以前的行动中。比如你每天都是晚上8点钟开始看1个小时的书，你就可以将做俯卧撑这个行为植入看书后，养成锻炼的习惯。

四、情绪状态

在我的经验中，情绪状态是坏习惯的最常见的提示方式。比如，你感到沮丧和郁闷时会酗酒抽烟；有些女孩子心情不好，就去购物，会吃很多零食。无聊压抑的情绪触发会产生这些负面行为。

很不幸的是，情绪虽然是行为常见的触发因素，但你很难控制它来建立良好的习惯。大多数情况下，如果你想要用情绪触发一个积极的习惯，那么需要有意识地感知情绪。换句话说，你必须同时拥有感情和意识，这很难做到，因为如果你能控制情绪，你就不会有这些负面情绪。

五、其他人

你不会惊讶于周围人能影响你的行为这一现象。英格兰医学杂志有一个让人惊奇的研究发现，如果你的朋友肥胖，那么你肥胖的风险将增加 57%，即使你的朋友跟你有几百几千公里的距离。

所以最好的方法是与有好习惯的人在一起。你发现，宿舍中有一两个喜欢早起，整个宿舍成员都会早起。如果有一个游戏狂人，那么同一宿舍的人都在玩游戏。正如吉姆·罗恩所说，“你是你花最多时间相处五个人的平均值”。

我不太喜欢喝酒，但是跟朋友出去吃饭，几乎每次都会喝一点。这是为什么？我不想喝酒，为什么还要喝呢？这是源于我对所处环境和周围人的从众和社会认同反应。

无论你要为新行为选择什么样的提示方式，有一点需要注意的是：**成功的提示方式都是非常具体且可以立即实施的。**

例如，你要养成一个新的习惯，每晚入睡前想一件当天最开心的事。你要围绕睡觉这一具体行为创建提示，比如，头接触到枕头后，就回想一件当天最开心的事。因此躺到床上，头接触到枕头就是下一个行为（回想最开心的事）的完美提示。

◆◇ 设计前置行为，触发目标行为

前文我们说在动机高时将行为结构化，将多个动作串到一起，这样只要启动前面简单的动作，后面的动作也就跟着发生了，这种行为结构化就是一种行为设计。一个具体的行为由行动者、环境和行动内容三个因素决定，而行为设计是通过精心构造环境，优化行动内容，帮助行动者达成行动目标的方法。

如何设计行为才能实现这种多米诺骨牌效应呢？我们将想完成的行为称为“目标行为”，触发它的行为叫作“前置行为”，那么设计一个有效的前置行为可从以下三方面考虑：

一、前置行为可推动目标行为

你设计的这个前置行为有促进作用，使执行目标行为有更强的动机。我们前面举的一回家就穿上跑步鞋的例子就起到一种推动，让你有更高的跑步动机。

二、前置行为使目标行为变简单

前置行为让目标行为更容易完成。用逆向倒推法，比如你打算明天下班回家后自己炒菜做饭，那么提前准备好蔬菜，做饭就简单多了。因此提前将蔬菜洗净切好存在冰箱就是一个好策略。具体来说，根据行为模型 B=MAP，让 A（所需能力）变简单的因素有：

- 更少的时间成本；
- 更少的金钱成本；
- 更少的脑力付出；
- 更少的体力付出；
- 符合日常习惯。

三、前置行为给目标行为搭脚手架

有时候，前置行为就像为目标行为搭了一个脚手架，不但让目标行为更容易执行，还成为一个提示，提醒你去完成目标行为。

我们举的例子中，将水杯倒满后放在右手能够到的地方，就是搭了一个脚手架，不但让喝水更容易了，还提醒我们要多喝水。

一个前置行为可能满足一个或多个要求，如果上面三点都能满足，那这个前置行为就是一个非常完美的设计。你也是一个很棒的行为设计师。

懂得了这个知识后，请给你日常生活中想做却没有做的目标行为设计一个有效的前置行为。比如你想每天坚持读书，该怎样做呢？

03 / 行为改变的五阶段模型

研究发现：改变带来的痛苦，经常超过或等同身体的折磨。因此，任何一种改变，无论大小，都是很困难的。James Prochaska 和 Carlo DiClemente 在 20 世纪 80 年代提出了行为改变的阶段变化模型（Stages of Change model），这个模型最初用于解释吸烟的人如何戒烟的过程，它的核心观点是，**行为的改变不是一个独立的事件，而是由一连串事件（各阶段事件）组成的连续过程。**

图 12

该理论指出，任何一项行为（不管是减肥、失恋还是换新工具）的积极改变，都要经历 5 个阶段，前 3 个都是思想的萌动和意识的转变，真正的行为改变在第 4 阶段才发生，以减肥为例：

◆阶段一：前意向阶段（Precontemplation）

在这个阶段，人们没有认识到自己的行为需要改变或否认问题的存在，也称为“无打算”（Not Ready）阶段。这个阶段可能会持续很长时间。如果要在此阶段劝说他人减肥，特别困难，因为他就没有意识到自己需要减肥，或者他认为肥胖是好的。

◆阶段二：意向阶段（Contemplation）

也称为“打算转变”（Getting Ready）阶段。此时，个体意识到了存在的问题，同时也明白改变可带来的好处，但也意识到改变会有一些困难与障碍。

有肥胖问题的人在这个阶段已经认识到问题的严重性，一个偶然的事件比如以前买的衣服穿不上了，或者走路气喘吁吁、感觉很累，使他意识到了问题，开始考虑要不要减肥，不断地衡量减肥和不减肥的利弊，内心很矛盾。

这是重要的进步，我们经常忽视这个过程，因为从表面看确实没有发生真正的变化。但从无意向到有意向，我们的思想和态度已经发生了大的转变。一般来说，改变态度和思想要比改变行为难得多。因为我是研究行为设计的，所以我们这里只谈如何改变行为。

◆阶段三：准备阶段（Preparation）

也称为“准备转变”（Ready）阶段，已经到了第3阶段，但行为还是没有改变。此时个体下定决心要改变，且已打算在未来一个月内改变行为。在这个阶段中，我们会主动搜寻改变的方案方法，并为改变准备资源，比如购买健身器材、报减肥班等。

在准备阶段，清楚哪些因素会触发我们改变是很重要的。是否有某些地点、某些人、某件事或特定的情绪会触发我们做出改变，或者某些人、某些事又不想让我们做出改变。这时候需要制订一个计划，让你能对不同的提示做出有利于改变的应对。

◆阶段四：行动阶段（Action）

直到第 4 阶段才有行动，才开始改变行为，做些与以往不一样的行为，比如开始早起，穿上跑步鞋绕着小区跑两圈。这是一个出成绩的阶段，我们在行动，别人也能看得到。

但是，**行为改变要成功，每个步骤都很关键，如果在没有真正想清楚为什么要改变的情况下贸然行动，没有计划、没有环境支持改变，或许会陷入持续复发的循环阶段。**

我们可能在几个阶段中不断地辗转、重复，比如总在想要不要继续减肥、不减肥好像影响也不大，并不断地制订或修改减肥计划，还可能以鞋子不舒服等为借口而不运动。这个阶段重要的是勤加练习，将行为分解为一些更容易实现的小任务，每个小任务完成后还要给自己一些激励。

◆阶段五：巩固阶段（Maintenance）

改变行为是困难的，保持相对来说比较容易。到了巩固阶段，新行为已经成为惯常行为。我们不再担心看到朋友大吃大喝时，自己无法控制的情况发生。但还需要有意识地保持新节奏和规律的生活，降低复发的可能。

有一个流行的说法是彻底改变行为，养成一种新习惯需要 66 天。但不幸的是，没有真正的时间表。改变行为不仅取决于个体特征，还取决于我们情感上对想要改变行为的依赖，在达到稳定的新阶段前，可能需要或长或短的时间。而耐心是关键，过程中还得让自己获得正反馈。

以上 5 个阶段包括了行为正向改变的不同阶段，我们也提到，大多数改变都不是线性向前的，经常会在阶段间辗转、重复。行为改变是个渐进的过程，不可能一蹴而就，如果缺乏有计划的干预，人们就会停留在早期阶段而踟蹰不前。

在阶段改变模型指导下，我们可以判断当前处于哪个阶段，在不同的阶段采用不同的干预策略，帮助顺利过渡到下一阶段，直到完成整个改变过程。各阶段干预策略对应如下图13：

编号	行为改变阶段	干预策略
1	前意向阶段	提供信息，提高认识
2	意向阶段	提高认识，驾驭动机
3	准备阶段	提供方法，鼓励尝试，环境支持
4	行动阶段	支持鼓励，加以强化，环境支持
5	保持/巩固阶段	持续支持，不断强化，预防复发

图 13

研究事物一个重要的方法就是对它分层、归类，阶段变化模型就是对行为改变的整个过程做分层，分析目前处于哪个阶段，要采取什么样的策略。这是一个很重要的模型，能够应用到生活中的方方面面。如果你是营销人员，想卖一个东西，可以思考从哪一个阶段介入，才能达到更好的效果。

04 / 怎样才能持续地改变

改变是一个痛苦的过程，要持续改变更是难上加难，而意志力是有限的，单靠它显然是不行的，所以我们得建立一个支持系统，才会保证行为的持续改变。行为设计大师 B.J. Fogg 说不依赖意志力，让行为持续改变有且只有两种方法：

- 从小起步（获得小成功）；
- 改变环境。

除此之外，没有第三种方式。

有人说不改变是因为决心不够大，但决心或者意志力就像菩萨显灵一样不靠谱。今天做事有意志力，不能保证明天还有同样的意志力；这个月决心很大，下个月可能就懈怠了。

想想我们年初制订的那些“宏伟”计划，到年底有几个实现了呢？当初我们的决心大得感天动地，前两天的意志力也如圣雄甘地般坚韧，可是很快就没有后续了。

所以，菩萨不能一直保佑我们，意志力也不可能时时都很强劲，真正有效的持续改变要依靠系统化的方法，第一种是从小起步。

◆◇稳定改变：从小起步

这里的“小”是从很小的行为开始，这个小的行为非常容易做，几乎不需要付出什么时间和精力，做起来也没有痛苦感。它是一个渐进的、持续改变的过程。因为特别容易完成，所以也就没有压力，完成后还有小小的成就感。

如果你能在完成这个很小的行为中感到成功的喜悦，你就会持续地做出更多相同的行为，你也就有更大的进步。

你今天做了两个俯卧撑，感觉非常好，第二天你就想做三个，第三天你就能做四个。一个月后，你一口气可以做 30 个俯卧撑，感觉棒棒的！

这是一个渐进的、稳固的、可预测的过程，是一种非常好的改变方式。为了更清晰地理解，我们将从小起步分为两类：

- 微小版
- 多米诺

了解这两种方式的不同，有助于你采取更好的方式改变行为。有时候，微小版非常好用，而另一些情况下，多米诺可能更有效。我们先来了解微小版。

微小版

微小版是最终目标行为的迷你简化版本。假如最终目标是每天走 30 分钟，那微小版就是每天走 2 分钟。行为是一样的，只是需要付出的资源比原来少了很多。下面是一些微小版的例子：

用牙线清理一颗牙齿；

看一页书；

提前 5 分钟上床。

我们看到，每个行为都是你想要完成的目标行为的缩小版本。我们再看另一种：

多米诺

行为一般都不会单独发生，行为是关联的序列，改变了一个行为，其他的相关行为也会跟着改变。这就像多米诺骨牌一样，前面的倒下，会打翻后面的一个，让后面的行为持续发生。

假设你的目标行为是邀请邻居参加你的跑步俱乐部。这对不愿运动的邻居来说有点难。你可以先邀请她参加一次俱乐部篝火晚会。在篝火晚会中，她获得了快乐或者找到了一起跑步的同伴，能让她加入俱乐部变得容易。

还有一些多米诺的例子：

倒一杯水放到办公桌上；

看好了先加到购物车；

看一段健身视频。

这都有可能引起后续行为的发生。当你期望后面大的目标骨牌倒下，请先尝试推倒前面的第一张小骨牌。

微小版和多米诺哪种更好呢？这取决于你想完成的目标行为。

一些行为能容易地简化为微小的版本，有一些可能无法简化缩小，那就需要使用多米诺。甚至在很多情况下，你可以将两种方法混合使用。思考这个例子：怎样坚持每天走路 30 分钟？

你可以将 30 分钟简化为 5 分钟（微小版），先从这个 5 分钟的微小版开始。或者你先想办法打倒第一张骨牌，比如一到家就穿上跑步鞋（多米诺）。这两种可能都有用，你可以不断尝试做出选择或者搭配在一起使用。

相信从小起步

如果你使用了正确的从小起步方式（并能让你完成这些小行为有成就感），你就走在了大改变的正确道路上。从小起步能够适应当前状态，你不需要做出大的改变，只需要一些简单的微调。

从小起步是缓慢地、系统地改变的方法，它是目标明确且有效的策略。如果你想快速显著地改变，你需要使用另外一个方法：改变环境。

◆快速改变：改变环境

很多人不想承认这样一个事实：我们的行为受环境影响很大。人类喜欢确定性，认为自己做出的行为都是自我意识支配的。这并不正确，我们的行为更多是受环境影响而发生的。

这不算是一个好消息，比如我们身处电子设备的环境中，智能机器随时随地都想引起我们的关注，很多人都患上了手机瘾。想要少玩手机，怎么办呢？

如果你能改变人们所处的环境，他们的行为就能快速显著地发生改变。想象这样的例子：

如果把你放到一个深山老林中生活，没有电视，你的电子设备也连不上网。不久后，你可能就学会了采摘新鲜的野菜，还学会了打猎。黄昏时，你早早吃了晚饭，也不能刷手机、玩游戏。或许你在被窝里读一本叫作《野人是怎样炼成的》的书，你的行为发生了巨大的改变。

这个环境对你的行为影响会持续下去，直到你离开了深山回到了城市。但是你不能为了戒掉手机瘾到深山生活。这对大多数人来说都不现实，你很难离开家人和工作到一个新的环境。现在的挑战就是：

如何在真实的工作生活中帮助人们改变环境？为了回答这个问题，将影响我们的外界环境分为三类：

- 可利用的工具和资源；

- 我们身边的人；
- 我们对事物的认知。

每一类在持续改变的过程中都能起到重要作用，让我依次来解释。

第一类：改变可利用的工具和资源

你可以通过改变你周边的工具和资源来实现改变环境。例如，如果你想少坐一点，你可以买一个站立式办公桌，这样你就必须离开椅子才能工作。用改变可用工具这个方式，让你实现了在工作时间少坐的这个行为改变。

如果你想吃得健康，可以购买一些能加工食物的厨具，它们能帮你快速容易地做出健康食品，比如蒸蛋器、榨汁机、搅拌器，等等。如果你想停止吃方便食品，就把微波炉扔掉，那么你就很难再吃到需要微波加热的方便食品，你可能会每天动手做饭，吃得更健康。

你可能会说，这在我家里行不通，扔掉微波炉也不现实。或许你是对的，改变环境并不容易。因为有些改变强迫你做出与原来完全不同的行为，很多人都不喜欢这样的情况出现：

- 办公室没有椅子？

你要成天站着，需付出更多的体力。

- 没有微波炉？

虽然你吃得更健康了，但要花更多的时间在做饭上。

具体怎么做不重要，重要的是找到适合你的方式，将让你上瘾的手机APP删除也是一种很不错的方式。下一个改变环境的方式也很难。

第二类：改变人际圈

你可以通过改变人际圈来改变行为。离开那些影响你形成坏习惯的朋友，去结交拥有你向往的生活的新朋友。

1. 离开老圈子

我们都听说过孟母三迁的故事：孟子小时候，居住的地方离墓地很近，孟子学了些祭拜之类的事，玩起办理丧事的游戏。他的母亲说："这个地方不适合孩子居住。"于是将家搬到集市旁，孟子学了些做买卖和屠杀的东西。母亲又想："这个地方还是不适合孩子居住。"又将家搬到学宫旁边。孟子学会了在朝廷上鞠躬行礼及进退的礼节。孟母说："这才是孩子居住的地方。"

很多人都没有孟母的气魄和决心，所以改变人际圈是很困难的，特别是涉及家庭成员或同事时。你很难对老板说："嘿，老板，我要辞职，因为你经常中午请我吃汉堡。"

尽管改变人际圈是困难的，但这是一个可以考虑的方向。对一些特殊人群来说，离开原来的环境会获得新生，比如他不小心被朋友带领染上了毒瘾，要彻底戒毒，就必须离开原来的圈子。

2. 找到新圈子

你也可以结交新朋友改变你的人际圈。比如你加入了夜跑俱乐部，你跟会员们一起运动健身，吃得更有营养、更健康。结交新朋友比切断老朋友相对容易，所以这是让你持续改变的一个有力措施。

新的社交圈也会让你的身份有一个转变，能促进你改变行为。你天天跟一群积极上进的朋友在一起，就会受到影响，开始追求上进。所以，想要持续改变，请结交有好习惯的新朋友。

3. 改变他人，从而间接地影响你

理论上你可以改变你生活圈中的其他人来影响你的行为。也就是说，你可以通过改变他人的行为来间接地影响你，让你做出改变。但这个操作性不强。

比如你想让你的另一半少吃比萨，然后间接地减少自己吃比萨的数量。但这个路很难走通，因为很难让其他人去做他们本不想做的事。那怎么办呢？有效的策略是帮助他们去做他们本来就想做的事，然后跟他们一起改变。

第三类：改变对事物的认知

现在有这样的一个情境：我想在旅行时吃到健康的符合口味的食物。这几乎无法实现，因为我认为机场提供的食物都不健康。但如果我在手机中装了一款 APP，它知道我喜欢吃什么。当我下了飞机准备转机时，这个 APP 提醒我候机厅有一家餐馆符合我的口味，也很健康。我就会马上去那里饱餐一顿，完美！这个 APP 没有改变我的物理环境，但它却改变了我的认知并影响了我对周围环境的反应。

稍微总结下，我们可以通过改变环境来快速有效地改变行为。总的来说，改变环境有三种方式，你可以改变：

- 周边的工具和资源；
- 身边的人；
- 对周围事物的认知。

当你想要快速持续地改变时，可从上面几个方向考虑。

有效地改变环境，让好行为更容易发生

通过以上分析，我们对人类的行为原理有了一个新的理解。当你想要持续改变，或者影响他人做出持续改变时，你可以用我们的这个模型。

有且仅有两种方式可以持续改变：

- 从小起步；
- 改变环境。

意志力不可靠，决心也时有时无，依赖它们是不能持久改变的，你最好忘了它们。要集中力量解决如何帮助自己或其他人从小起步，并且对环境做出实际的改变。这两种方法可以结合起来使用。如果能将二者结合起来，会产生一种相互催化效应：

- 当你从小起步时，会逐渐适应环境。
- 你从小起步就能获得小成功，小成功促进想要的大改变，包括改变所处的环境。

也可以以另一种方式运作，有效的环境改变将：（1）让好行为更容易发生（从小起步）；（2）让坏行为更难发生；（3）两者兼而有之。

05 / 简单到不可能失败的习惯养成策略

当习惯成为一种依赖，却再也舍不得放手；当依赖变成一种习惯，却再也舍不得离开。

我们日常活动的绝大部分行为源自习惯，从几点钟起床、怎么刷牙、吃早餐、坐车上班到如何思考处理问题等，一天之内上演着几百种习惯。

习惯在我们生活中的作用不言而喻，而养成一个习惯却不容易，它需要多长时间呢？我们以前获得的知识是养成一个习惯需要 21 天，最近又说 66 天才能形成一个习惯。

行为设计学大师 Fogg 说，这些都不对，习惯的养成像厨师做菜，有的菜 21 分钟就能做好，而有的需要更长或更短的时间。习惯养成是一样的道理，一些习惯形成会很快（比如玩手机游戏），一些习惯需要非常长的时间（比如早起的习惯）。养成习惯有点像发射卫星，摆脱重力需一个很大的力，可一旦进入轨道，只需要一点引力就能自动运转了。

◆◇ 5 天就能学会的播种习惯法

为了将他的知识和方法传播出去，让更多的人受益，Fogg 有一个微习惯的免费培训班，只需要 5 天的练习，学员就能学会他的这套习惯养成方法。我把这个练习叫作播种习惯，播下习惯的种子，在以后的生活中细心呵护，这颗种子就会慢慢长大，成为我们成功路上的帮手。这个播种习惯练习共有

3步：

第一步：选择30秒内就能做完的行为；

第二步：创建一个“在……以后”的行动锚点；

第三步：每次习惯完成后都有一个成功的庆祝仪式。

我把这三步用在自己身上，效果显著，很快就养成了下面三个微习惯：1.每天洗澡前做俯卧撑；2.离开椅子后将水杯倒满；3.睡觉前想一件当天开心的事。

在详细解释这三个步骤前，我们先对微习惯做一个界定，它应满足下面三个要求：

- 每天至少一次的行为；
- 这个行为在30秒内就能完成；
- 完成它只需要很小的努力。

如果你同意我对微习惯的界定，下面我们具体看这三步：

第一步：习惯要足够简单，尽可能简单

简单是强大的力量。一粒树种子，只有几毫米，但在合适的土壤中，就能长成几十米高的参天大树。同样，你播下习惯的种子，在你的培育下，它就能长大，改变你的日常，影响你的一生。比如我第一天只做2个俯卧撑，第5天连续做20个气都不喘。

所以，我们养成微习惯的第一步就是选择尽可能简单的动作。怎么才算尽可能简单呢？下面几个就是简单的动作：

- 在我坐上地铁后，打开kindle；
- 在我吃完午餐后，喝一杯水；
- 在我进门后，将钥匙挂在门后；
- 在我脱衣洗澡前，做两个俯卧撑；
- 在我躺在床上后，想一件当天最开心的事。

对于简单，再强调也不过分，只有简单易行，做起来没有痛苦感，身体才愿意跟大脑配合执行指令，慢慢地，它们就能紧密团结在一起，形成习惯。

第二步：用恰当的方法提醒

虽然习惯很容易做，但刚开始的时候，经常就忘了做。所以需要一些方法在合适的时间提醒。理想的解决方案，不是闹铃，也不是必做清单，而是将新习惯与原有习惯联结在一起。

像刚才举例中的“在……后”一样，让原有习惯成为新习惯的一个触发锚点，提示你去做新习惯（吃完午餐后提示你要去喝一杯水）。

在用“在……后”这个方法养成新习惯，时间一长，你会发现，你的大脑会将这两个动作绑定，形成一个行动序列，新习惯会自动执行，不需要闹铃，不需要清单。有句话说叫醒你的不是闹铃，而是梦想，改一下用在这里就是，**提醒你的不是闹铃，而是原有习惯。**

经过大量实践练习后，原有习惯就越容易触发新习惯，它们的联结就会越紧密。因为我已经使用这个方法一段时间了，就跟你分享下自己的体会。

我现在每天洗澡前，会做几个俯卧撑。有一天住宾馆，洗完澡了，发现当天没做俯卧撑，浑身不舒服。于是擦干身子后，去做了 20 多个俯卧撑，身上出汗了，就又洗了一遍澡。你会发现，这两个行为已经紧密关联在了一起，顺序都不能变。

第三步：庆祝小成功

养成习惯的最后的一个要点是：**一定要庆祝自己的小成功。**每次完成后你可以说，“哦耶！”“我是最棒的！”或者吹口哨、打个响指等，刻意的庆祝动作能激发愉悦情绪，让你有成就感。你会这样想：“今天虽然没有什么大的进展，但至少我做到了这件事。”

这看起来有点奇怪，但它是非常有效的。我们需要自我激励，提高自我效能感，而提高效能感又会让我们自我强化。在养成新习惯时，拥有更强的积极情绪和愉悦感，养成新习惯的速度就会越快。

◆◇以正确的方法练习

你练习得越多，就会更多地修正你的微习惯。有些人会让这个习惯更加简单易行，一些人需要找到更好的原有习惯去创建新习惯的锚点。

通过对播种习惯方法的刻意练习，你更加擅长简化行为，并找到对新习惯最有效的原有习惯与联结方式。

06 / 自律力：改掉顽固的坏习惯

上瘾，就是对这种不良习惯有了一种依赖，比如玩电脑游戏上瘾，那么打开电脑玩游戏已经是一种习惯，就像早上起来刷牙一样，是一种自动行为，这个行为根本没有经过大脑的思考和判断。

想改掉不好的习惯，要明白习惯的形成机制。尼尔·埃亚尔（Nir Eyal）在《上瘾》一书中提出了一个上瘾的循环回路，他从心理学研究结果得出成瘾性习惯都满足这样一个循环回路，即触发→行动→奖励→投资→触发。

◆◇上瘾的循环回路

上瘾的循环回路共四步，缺失任何一部分，都无法继续。具体来看：

一、触发（Trigger）

这里的触发跟我们前面行为模型中说的“提示”是同一个概念，很多文章称为触发，在这里我保留它，你只需明白它跟我们前面说的提示是同一个概念。

触发线索是循环的启动点。如别人玩游戏的声音就是一种外部触发；你寂寞无聊，想打发无聊时间去玩游戏，那就是内部触发。内部触发的效果往往比外部更强大。当经历从触发到行动的循环次数越多，触发线索跟行动间的联系将更为紧密，就像巴甫洛夫的狗一样形成了条件反射。著名的心理学家巴甫洛夫用狗做了这样一个实验：每次给狗送食物前打开红灯、响起铃声。经过一段时间以后，铃声一响或红灯一亮，狗就开始分泌唾液，形成了一种条件反射。

二、行动（Action）

从Fogg行为模型中我们知道，当某次触发与行为的动机和能力相吻合时，这个行为就会发生。例如，你在公司开会过程中接到了一个电话，你有强烈的接听动机，但你此时很难有借口去接电话。因此当电话铃响起时，你并不会去接听。另一种情况是，你可以不受限制地去接听电话，但你发现来电号码被标记为业务推销。此时你虽具备接电话的能力，但几乎没有去接听的动机。这两种情况就是，**动机和能力不相吻合，你不会行动。**

三、多变奖励（Variable Reward）

成瘾性循环系统中的这个奖励是多变的，不固定的。我们工作上班也是有奖励的，但很少有人上班成瘾，就是因为上班的奖励是固定的、可预测的，而且这个行动与奖励获得的时间间隔比较长。而成瘾性系统的奖励反馈是即时的、多变的。游戏的玩家不知道每次通关后能获得的具体奖励有多少。奖励回报的不可预测性和随机性是吸引玩家一再尝试的主要动力。

四、投资（ nvestment）

不管是刷社交网站还是玩游戏，都会有投资，比如社交网站上你喜欢的异性，电脑游戏中你打下的装备都是一种投资，这个投资会促使你更多地、不断地去投资。

明白了上面这个循环回路，你可以利用它来养成良好的习惯，也可以阻止自己形成坏习惯并去改正原来的坏习惯。

◆消除坏习惯的策略

不幸的是，改正旧习惯的难度非常大。脑损伤手术、痴呆，甚至大脑认知功能障碍都不能真正终止一个习惯。为什么习惯这么难以改正？

首先习惯是自动的、无意识的，当习惯行为发生时，你通常觉察不到，也不清楚到底做了什么。其次，一旦习惯形成，它就不会消退，大脑也从来不会改正。习惯只会暂时潜伏，一旦有合适的环境，大脑中的神经回路就会被激活，习惯行为会再次出现。但好消息是，你还可以采取一些有效措施来对付现有的坏习惯：

一、避开触发线索提示

触发线索会暗示大脑发生问题行为。让习惯停止最简单的办法，就是消除提示。比如宿舍里大家要打扑克，三缺一，舍友叫你一起玩，最好的办法不是规定自己只玩两把就走，而是在没有叫你之前离开宿舍。

二、替换行动，用新习惯排挤老习惯

通过行为替换将线索提示与奖赏的坏习惯转化为好习惯，就是对原来的坏习惯进行劫持。具体方法是：

1. 当线索出现时，刻意做其他事情，并提供相似的奖励（比如想抽烟了，可以在原来放烟的地方放口香糖，以嚼口香糖来代替吸烟）。

2. 坚持这种自主的转换行为，直至养成新的习惯。

我以前刷微博上瘾，每次打开手机第一件事就是刷微博，浪费了不少时间。后来我就将原来的微博 APP 替换成了知乎 APP，每次拿起手机的时候由刷微博换成了刷知乎（这里不讨论微博和知乎孰好孰坏）。因为知乎我订阅的内容不多，看完未读信息花费的时间比刷微博少很多。

三、有意干预

习惯的干预（形成）需要意识的参与。比如在电脑桌面贴一些警醒名言，列出长时间玩电脑的几个坏处等。还可以在玩游戏前定几个闹钟，并把闹钟放在需要站起来才能拿到的地方，通过闹铃有意识地将玩电脑的行为打断。

四、增加行动难度

动机和能力结合起来才能触发行动，如果增加玩电脑的难度，这个行动可能就没那么容易发生。比如不要将游戏图标的快捷方式放在桌面上，将游戏的文件夹藏得深一些，要玩的话，需要多点几次鼠标才能找到。

关电脑后将电源拔掉，必要的话把键盘和鼠标也拔掉，每次想玩游戏时，这些插键盘、鼠标的动作会让大脑调用理性控制，启动干预策略。

还有很多帮助改变坏习惯的方法，比如转变自我认同，或者是转变对社会规范的理解。如果人们日常生活的环境发生变化，老习惯可能也会慢慢消散，这并不是因为可以控制，而是其他新的习惯占满了时间。只有坚持不懈地去改变习惯，才能获得成功，所以那些刚办完健身卡就放弃的人是不会有效果的。在旧习惯未消除，新习惯没形成前，必须有策略地推动自己持续行动。

第六章

反脆弱：做不焦虑的理性乐观派

未来充满不确定性，世界高度不可预测。这个世界还会好吗？就像约翰·列侬说的："所有事到最后都会是好事。如果还不是，那它还没到最后。"直面不确定性，做不焦虑的理性乐观派，是未来10年最具竞争力的优势。

01 / 偶尔赚钱不难，难的是持续赚钱

在商业中，偶尔赚钱不难，难的是持续赚钱。但巴菲特做到了，哪怕是在宏观经济很糟的时候，他的投资回报也连续多年都跑赢了大盘，所以大家才称他为股神。一位竞标和巴菲特一起吃午餐的中国人，向巴菲特请教，如何平衡稳妥与进取。巴菲特告诉他，“一生不要富两次”。什么是两次富有呢？你通过努力创业，成功了，富有了。但之后你用这些钱去冒险，又成了穷光蛋。你不甘心，又抓住了机会，艰苦拼搏，东山再起，又有钱了。这就叫两次富有，富有的两次峰值间有个低谷，是一个“大起”—“大落”—“又大起”的波动过程。

典型地经过这样的一个完整波动、两次富有的人是巨人集团的史玉柱，他通过汉卡等 IT 周边产品起家，赚到了一大笔钱，而后在 IT 行业发展受到一些阻力后，走向多元化经营做脑黄金、房地产等。在多元化经营中有点好大喜功，搞百亿计划和三级火箭。这种激进式的发展埋下了祸根，在建巨人大厦时，资不抵债，成为负债两个多亿“全国最穷的人”。但史玉柱是营销牛人，通过保健品加游戏的组合还清了债务，又东山再起了。

巴菲特为什么建议不要富两次呢？人生低谷对每个人来说，总会有的，但这个谷底和峰值之间差距不能太大。一个有钱人习惯了奢侈生活，当收入大幅下滑后，即使能够保证日常生活，信心也会遭到极大打击，心态也会不健康、不开心。

人都是能上不能下的。特别对于家庭的影响，由高处跌落后你为了翻身，

会花更多时间到事业中，就没有时间陪家人，也没有时间去体验丰富多样的生活。做事业的目的不是事业本身，而是为了生活。虽然经过了多年的奋斗，总资产又回到原来的水平甚至增加了，但生活中失去的东西可能再也回不来了。

事业上的成功，换不来生活上的成功。我们做一个思想实验：假设现在将巴菲特的全部资产给你，但需要用你的年龄去交换。87 岁的富有巴菲特还是 37 岁的工薪阶层，你会选哪个？

人生就像一杯苦茶，不会苦一辈子，但总会苦一阵子。尽量提前做好预案，不要让“苦的那阵子”过于苦。

02 / 把危机变机遇，是一种稀缺的能力

做你没做过的事叫成长，做你不愿做的事叫改变，做你不敢做的事叫突破。但…… 我只做我完全明白的事。

芒格和巴菲特这两位投资大师告诉我们，投资成功最重要的就是能力圈原则。巴菲特说："投资人真正需要具备的是对所选择的企业进行正确评估的能力，请特别注意所选择'selected'这个词，你并不需要成为一个通晓每一家或者许多家公司的专家。你只需要能够评估在你能力圈范围之内的几家公司就足够了。能力圈范围的大小并不重要，重要的是你要很清楚自己的能力圈范围。"

◆◇界定能力圈：边界意识让你富 5 倍

首先要明确自己能力圈的边界，找到完全明白的事。巴菲特说："对你的能力圈来说，最重要的不是能力圈的范围大小，而是你如何能够确定能力圈的边界所在。如果你知道了能力圈的边界所在，你将比那些能力圈虽然比你大 5 倍却不知道边界所在的人要富有得多。"

怎样界定能力圈边界呢？假如你是一个投资者，该如何衡量企业价值高低、管理优劣、出现经营困难的风险大小呢？掌握以下四类知识是必要的：

一、专业知识

专业知识是指一定范围内相对稳定的系统化知识。每个投资者都掌握一

些某个领域的特定知识，这些特定知识可以帮助我们理解这个领域中发生的现象。

但是，专业知识达到一定程度后，更多的专业知识对投资的帮助作用并不大。有个现象是有很多上市公司员工并不会买自己就职企业的股票，他们处在企业内部，专业知识肯定超过很多外界的人，但组织内部成员会不自觉地放大所在企业的缺点和不足。所以专业知识并不是越多越好。从投资角度来说，学习专业知识的目的是扩大眼界，看懂行业的大趋势。

二、投资理念

刚开始投资的人，大多没有自己的投资理念，跟风追热点投资。在多次的随机性操作后，赔了钱缴了学费。遍体鳞伤后，才会思考需秉承什么样的理念去投资。价值投资是一种理念，趋势投资也是一种理念，在不同的阶段会有不同的效果。

三、优势分析

优势分析就是芒格所说的企业护城河的深浅判断。投资者需要分析企业目前做出的各种决策能否加固加深其在该领域的护城河。在人类的发展过程中，我们积累了很多优势分析的相关知识。可以从历史文化，比如军事著作、帝王传记中汲取营养。这些著作中，会谈到如何得民心、如何战胜竞争对手。

本质上，企业获取优势的模型和国家民族获取优势的模型是一致的。因此，很多成功的企业家都推崇孙子兵法、毛泽东思想等，也是基于同样的道理。在优势分析中我们还应牢记芒格强调的多元思维模型，要刻意使用多学科间的知识来相互验证我们的判断。

四、将知识排列组合的能力

学单个的概念和模型其实并不难，困难的是将这些知识组块，也就是将知识排列组合，用它来解决实际问题。提高知识组块能力的最好方式是实践。就像我们玩积木一样，在不断地调整摆放中，构建了它们之间的排列组合。

在投资中，投资者的经验是构成投资能力的宝贵资源。马谡虽然“才气器量超过常人，喜好议论军事谋略，丞相诸葛亮对他深为器重”，但在事关蜀国生死的街亭之战中，违背诸葛亮的战略部署，一意孤行，吃了败仗，也丢了脑袋。马谡缺的正是将学到的军事知识排列组合应用到真实战场中的能力。

◆◇坚守能力圈：只在能力圈内做事

界定了能力圈后，就要坚守能力圈边界，在能力圈内行事。坚持能力圈原则，最大困难在于，怎样才能抵挡住追逐眼前利益，跨出能力圈的诱惑。股神巴菲特做到了，对于能力圈外的公司，无论别人怎么看好，巴菲特根本不理，哪怕错过再大的赚钱机会，也不会后悔。而对能力圈内的公司，巴菲特是这样做的：“我会每次选择一个行业，逐步成为专家。我不会简单接受关于任何一个行业的传统看法。我要努力研究分析得出自己的独立看法。如果我选择的是一家保险公司或一家造纸公司，我会在脑子里想象，自己处于这样一个情境之中：我刚刚继承了这家公司，而且这家公司将是我们整个家庭拥有的唯一财产。”

“我需要对这家公司做些什么？我要考虑哪些东西？我担心什么东西？谁是我的竞争对手？谁是我的客户？我会走出办公室，去与客户们交谈。我要弄清楚，与其他同行企业相比，我们这家公司的优势是什么，劣势是什么？如果你这样做了研究分析的功课，那么你就有可能会比管理层更加真正了解这家公司。”

◆◇扩大能力圈：能力提升，边界自然扩大

坚守能力圈并不是说我们不会改变它，待时机成熟时，我们也会扩大它的边界。巴菲特以前说他不投科技企业，因为他看不懂。但在2011年，巴菲

特却买入 107 亿美元 IBM 股票。这就是他不断扩大能力圈而做出的决策。那么何时该扩大能力圈，如何扩大能力圈呢?

我们在确定能力圈边界时，已经有了答案，就是当我们的专业知识、趋势分析、投资理念和将这些知识组块的能力提高到一个新阶段时，我们的能力圈自然就会变大。

03 / 创造并维持条件反射

我希望每个美国军人随时随地都能喝上一瓶可口可乐——那是一种能让他想起家乡的东西。

——德怀特·艾森豪威尔，第二次世界大战盟军最高司令

为什么军人喝可乐能想起家乡呢？因为喝可乐的感觉与美国之间有了一种条件反射。条件反射就是大脑在诱因下学习的结果。

人的行为的本质是：Trigger-Behavior-Reward，即诱因—行为—奖励。就是说诱因触发行为，行为带来奖励，奖励又会成为一种诱因，让行为继续发生，这样就形成一个循环。

随着这个循环的持续发生，大脑中就形成了一个强大的神经传导回路，循环次数越多，回路越通畅。这一点也在神经科学中得到了证实：近几年，神经科学家发现，大脑中有一种叫作髓磷脂的东西，它是生长在神经元周围的一层脂肪组织，能够起到保护隔离作用，使神经元保持干净和正常运转。

◆条件反射是给大脑修高速公路

如果神经元周围汇集了越多的髓磷脂，大脑回路就越能轻松有效地运转。髓磷脂就像高速公路的隔离和防护，在它的帮助下，神经元很容易连通和运转。而条件反射的形成就是大脑在刺激下学习，建立连接，修建高速公路的过程。

在巴普洛夫的狗实验中，当狗看到食物时，会自然分泌唾液流口水，这

是一种先天性反射。食物是一种非条件刺激，而在食物刺激下的流口水也是一种非条件反射。

试验中，巴甫洛夫给狗食物的同时摇铃，让响铃和食物产生一种关联。当狗习惯了这个模式后，即使不给狗食物，铃声也能刺激狗流口水，铃声成为一种条件刺激，狗听到铃声而流口水就是条件反射。

在这个试验中，狗的大脑进行了一次学习过程。起初，狗的声学系统神经与控制流口水的神经没有连接，在经过多次刺激反应后，声学系统神经和控制流口水的神经就建立了关联。二者关联后，一旦声学系统接收到信号，就立即传递给控制流口水的神经。

人类也有相似的反应，很多人看到半生不熟的杏子就会流口水，这是视觉将这个刺激传达至大脑，大脑判断没成熟的杏子一定很酸，通过神经传达给味蕾分泌口水。在这个条件反射中，半生不熟的杏子和流口水产生了一种关联（在以往生活中建立的）。

◆◇条件反射还能给大脑组圈

大脑不但会修建高速公路，它还会组圈，就是说我们的神经元相互连接组成了不同的区域，同一个区域间的神经元连接紧密，好像一个小团体、小圈子。在 2017 年 9 月的心理医学杂志上，发表了一项新的研究成果：我们的身体在经过物理损伤康复后，照例来说就不会再有疼痛感了，也就是说传递疼痛的神经高速公路会废弃。但研究发现康复后生理上还会持续疼痛一段时间，这是因为大脑神经手拉手连成了一个圈层，要减轻和消除这个伤愈后的疼痛就不能再用药物治疗，而应采用非医疗方式干预。

吉野和广岛大学医学院通过 FMRI（最新最普遍的一种脑成像方式。根据血氧水平调整磁特性的变化，来跟踪大脑中的血液流动）技术研究了慢性疼痛者和健康对照组后发现，当患者反复关注疼痛或有疼痛的预期时，慢性疼痛患者的大脑会重新调整，这种重新调整布线就是建立“疼痛圈”，它会起到关键作用，因为在身体受损后，疼痛已经治愈了。

德国的神经科学家也发现，“学习”慢性疼痛，以及大脑的重新连接，都是通过经典条件反射产生的。我们的大脑区域是相互连接的，被连接在一起的大脑会同时工作和休息，因为我们大脑的一个区域会通过突触连接刺激另一个区域。相关活动的大脑区域被认为属于同一个“内在连通性网络”。

明白了大脑的工作机理后，如果要达成某些目的让条件反射发生，**就要不断刺激来创造条件反射（修高速公路），让大脑神经连接组圈以维持条件反射。**

知道了条件反射这个原理后有什么用呢？用处可大了。如果你是个卖面包的，通过刺激让别人产生条件反射，一看到你的面包就流口水，面包会不会多卖出一些呢？想要找另一半，如果能让你心仪的对象闻到你的气味、看到你的衣着，就能联想到婚后的美好日子，成功率是不是会更高呢？

◆◇成瘾：形成条件反射

在前面的如何改掉坏习惯一节中，我介绍了尼尔·埃亚尔（Nir Eyal）的上瘾回路，即成瘾性习惯都满足一个触发→行动→奖励→投资→触发这样的循环回路。

有了条件反射这个概念后，我们对上瘾的理解更深了，触发就是行动的诱因，在巴甫洛夫实验中它就是食物，而行动就是给狗吃食物，奖励则是吃了食物的好处，比如肚子不饿了、精力充沛等。所以上瘾就是要在大脑中形成条件反射。

回路中还有一项是投资。既然触发、行动和奖赏已经构成了一个回路，那投资的作用是什么呢？没有投资能不能上瘾呢？

答案是可以的，没有投资，只要奖励和诱因足够，行为仍能发生。投资在这里的作用就相当于一个向圆心的拉力，让你难以割舍投入的沉没成本，会更依赖这个循环，这个拉力让圆环节点间的连接更牢固。

由此我们可以得出上瘾的本质就是：

大脑对刺激（外部或内部）建构了一种条件反射回路。

04 / 边际效用递减

清晨起来吃早餐，你要了一屉小笼包，吃了第1个，你觉得特香，第2个、第3个都还不错，吃完第9个后，你已经饱了，打算扔下最后那个包子时，你想起了妈妈的话“不要浪费粮食”，于是硬撑着吃下了最后一个。

从第一个开始，你从包子获得的收益越来越小，最后那个包子可能还有负收益（吃多了对胃不好），这就是边际效用递减规律。

在了解这个规律前，需要先弄清楚总效用和边际效用这两个概念，我们衡量某种商品对消费者的满足程度主要通过总效用和边际效用两个指标。

总效用是指从一定量的某种物品所得到的总满足程度。

边际效用是指消费者从一新增单位商品或服务中获得效用（满意度或收益），亦即每多消费该商品一个单位所增加的满足感幅度。

◆边际效用递减规律

有了总效用和边际效用的概念后，边际效用递减就是：

在一定时间内，在其他商品的消费数量保持不变的条件下，随着消费者对同一商品消费量的增加，消费者从该商品连续增加的每一消费单位中所得到的效用增量（满足感幅度）即边际效用是递减的。

边际效用递减现象在生活中处处可见，比如谈对象，谈第一个对象的时候，印象往往是最深刻的，谈第二个对象就没有第一个那么深刻，第三个没有第二个深刻，依次类推。在这里，感情的效用值随着你谈朋友数量的增加而在减少，这就是人们对初恋那么难忘那么刻骨铭心的原因。

尽管第一次谈的对象，不一定是最合适也不一定是最完美的，但却是最难忘的。因为第一次你情窦初开，第一次牵手、第一次接吻都获得了极大的满足感，印在了大脑中。

◆◇边际效用为什么会递减

我们从生理角度来解释。效用大小即满足神经兴奋的幅度，消费某种服务和产品都能够给我们一个刺激，人的神经就获得相应的满足感（产生效用），随着同样刺激的重复发生，兴奋程度就会下降（边际效用递减）。

也就是说，我们对外界的刺激反应的阈值，受外界单一相同事物的反复刺激是不断加大的，虽然物品的实际效用是不变的，但随着消费数量的增加，效用不断累积，新增加的消费所带来的效用增加越来越微不足道。

也可以用系统论解释：每消费一个单位的物品都是为系统增加存量，存量（总效用）越大，相同流量带来的变化就越不明显（效用递减）。

◆◇理性消费者不让边际效用为负

边际效用从理论上来说可能为负，但实际上理性的消费者会尽量不让其发生。因为当某种服务或产品效用趋近于零时，消费者将不再增加消费量，而会改变其消费方式，去满足其他欲望，以获得更大的效用。

比如你的第一部智能手机，效用很高，天天在用，为了工作需要，你又买了第二部手机，它的效用肯定不如第一部大。此后如果你需要一个大屏幕的电子设备，你就不会再买一部大屏手机了，你可能会买个 iPad。

在谈到边际效用递减规律时，这里非常重要的一点是指“同一”物品，消费者对不同物品的满足程度是不同的，而且在连续消费某类物品时，如果不同消费品带来的刺激是鲜明的，将使满足程度大大提高，边际效用会发生改变。

正如喜欢多动的小孩，总让他做一件事情或玩一种玩具，他会感到非常不开心；一旦换一种游戏或换一个地方，他就会感觉非常新奇、非常开心。

有人可能会说，我们玩一款手机游戏，一天玩十多个小时都不累，还会上瘾，每次玩边际效用都没有减少。手机游戏其实不符合我们所说的“同一”的简单物品这个概念，如果是网络游戏，每局会匹配到不同的人，每个人所选角色也不同，每局发挥也会有变化，这让游戏充满了各种不确定性，使每一局游戏都有不同的特性。

这也正说明边际效用递减规律对同一物品是有效的，不适合不同物品的消费情况。

◆◇有没有边际效用（收益）递增现象

近几年有些人反驳边际效用递减法则，因为他们发现了一些递增的现象，比如某老师制作了10节网课，收入都很少，但从第11节开始，每一节的收入都比前一节多，这就不符合边际效用递减的规律。

这是知识经济的一大特色，即随着知识与技术要素的增加，产出越多，生产者的收益有明显的递增趋势。为什么会这样呢？有三个主要原因：

一、知识性资源具有共享性

同一知识可以被多个人同时占有和使用。萧伯纳说：“如果你有一种思想，我有一种思想，彼此交换，我们每个人就有了两种思想，甚至多于两种思想。”

我们在利用知识资源的过程中不但没有消耗，甚至还会产生新的知识。知识资源在使用过程中在不断积累和开发，在重复使用过程中成本也在递减，这就带来递增的收益。

二、知识经济具有学习效应

知识经济的主要投入要素是知识和技术，而技术的进步又依赖于知识和经验的积累，随着积累产出的增加，生产的边际成本会降低。生产者往往由于开发一种产品会积累经验（如怎样制作畅销微课），这种经验此后可以用于生产开发相关或相似的新产品（开发其他新的微课）。因此，由于此前的学习和累积，即使投入不变，也会使收益递增。

三、知识经济具有规模（网络）效应

在很多领域，没有形成规模是不会有收益的。比如开一个公众号，在粉丝不足1000时，你是很难有收入的，广告没人点击．货也卖不出去，收益趋近于零。

但若“在一定范围内”增加投入，比如你花几天时间写了一篇爆文，粉丝噌噌噌地涨到了5000。于是官方广告也开通了、有人还找你写软文、卖货也有了订单，你的收益迅速增加，这就是一种边际效用递增。

尤其在互联网行业，市场份额比盈利更重要，规模越大产生的网络价值也越大。淘宝当初为了快速增长，跟ebay抢用户，不惜各种成本拉拢卖家。360更是为了扩大规模，使用免费手段将传统杀毒软件打得措手不及。这种不要利润要市场的做法，就是认定了在一定时期内边际效用会递增。

当然，知识经济的这种边际收益递增的现象并不是无限递增，它会受市场有限性的约束而出现递减，只是递减出现的时间被推迟。同样，边际收益递减规律并不是完全递减，在递减的过程中也可能会有递增发生，只是整体趋势是递减的。

◆◇ 边际效用递减的启示

感情关系中

如果你始终是同一种装扮，穿相同的衣服，去同样的地方，每天做的事情都差不多，你可要小心了，因为相同重复的刺激，会让对方觉得从你那里获得的效用越来越低。你要做出改变，时常给对方一些不一样的新鲜感，将“同一”变为“不同”，通过改变让效用递增，关系越来越甜蜜。

商业中

知道效用递减这个规律后，如果你在旅游景区开一家客栈，对于游客来说，哪一天游玩的效用最大呢？

当然是第一天，旅游的第一天兴致勃勃，想休息好第二天开心地玩，对价格也不敏感，到第二天、第三天，由于体力精力的透支及对景区新鲜感的消失，效用在减少。所以你的客房在淡季时的定价策略应是：

第一天不打折，第二天打九折，第三天打八折，这样客人可能会多住几天，客房收入也就增加了。有些人可能会说，你价格高了，人家根本就不会来。这是另外一个问题。但在消费者所获边际效用更大时收取更高的价格，是每个商人都想得到的。随着数据智能的发展，会有越来越多的“大数据杀熟”现象。就是当一个消费者消费次数越多，商家对他的了解也越多，就越清楚他的消费喜好和价格偏好，就会根据消费能力定价，实现自身收益最大化。

提高学习成绩

还有三个月就要考试了，最近你的自测成绩，语文 70 分，英语 90 分（满分均为 100 分），你的目标是提高总成绩，依据边际效用递减规律，你需将更多的精力放在提高语文成绩上，因为英语你想提高 10 分，达到 100 分很难，但是语文提高 10 分，从 70 分到 80 分相对容易些，使你的总效用最高。

边际效用是递减的，边际效用也是递增的，但归根结底是递减的

即边际效用在短期内或者其他商品消费数量有所改变的情境中，会有递增出现。若将时间周期拉长，根据世间万事万物都有界限的原则，边际效用始终呈递减趋势。递增和递减之间有个拐点，我们能做的是在进入大幅递减的拐点前更改轨道，进入另一个新的递增曲线。

05 / 量级思维：多少芝麻抵得上一个西瓜

量级是科学模型中的一个重要概念，是我们在这个广阔的时空维度中，拓展认知的一个非常重要的科学工具。跟量级很相似的概念是数量级，我们通常以十进制法来表达数据，数量级是一系列 10 的次方，相邻两个数量级之间的比为 10。

以前我们说互联网三巨头 BAT（百度、阿里巴巴、腾讯），但现在如果你再说 BAT 就不够妥当，因为其中的 B 已经掉队，百度同阿里、腾讯的市值相差已超过 5 倍（2018 年 11 月数据），被 AT 甩得远远的，市值不是一个数量级，也就不属于同一个梯队。两三倍的差距或许努努力，还有可能追得上，但若超过 5 倍，就相当于差了一个数量级，则很难追上。

一个月入10万的生意人和月入40万的人在一起还会交流做生意的经验，但一个月入 10 万和月入 100 万的在一起就很难交流生意经了。因为相差了一个数量级，月入 100 万的也看不上月入 10 万的赚钱方法，同样，月入 10 万的也觉得月入 100 万的在满嘴跑火车、说话不靠谱，因为他没到那个层次，理解不了，这就是数量级的差异。

◆◇ 电动车能比汽油车跑得远吗

我们知道，地震的强度是以里氏地震规模来衡量的，那么六级地震跟八级地震相差多少呢？

如果没有量级概念，以为八级就比六级高两级，破坏程度也就高两级，就完全错了。我们来看具体数据：

- 六级地震释放能量约 6.3×10^{13} 焦耳，约为 1.5 万吨 TNT 当量；
- 八级地震释放能量约 6.3×10^{16} 焦耳，约为 1500 万吨 TNT 当量。

虽然八级地震只比六级地震高两级，但释放的能量却是它的 1000 倍。打个形象的比方，如果六级地震是一只老鼠，那么八级地震就是一头大象。

华人物理学家张首晟说，单位和量级是非常有用的一种科学思维方式。科学中有两个非常重要的概念，一个是能量，另一个是信息。而能量中的能量密度（单位体积内包含的能量）是一个帮助我们理解世界的非常有用的单位。比如：

- 电池的能量密度是 100 万焦耳/千克；
- 原油的能量密度是 4400 万焦耳/千克。

原油的能量密度比电池的能量密度不止高 1 个数量级，所以他推测，因电池技术发展缓慢，在短期内，电动汽车的发展会受电池能量密度制约，很难有跨越式的成长。

那么炸药 TNT 威力特别大，它的能量密度比原油要高吗？

其实炸药的能量密度比原油要低一个数量级，是 400 万焦耳/千克。炸药爆炸的威力大，是因为它在极短的时间内燃烧释放能量，威力大并不是其单位能量大，而是因为它的功率高。

◆量级原则：抱西瓜不捡芝麻

有了量级概念后，我们就要从量级的角度出发，思考事物的重要性和处理原则：

1. 小量级和大量级放在一起，小量级的就会被忽略

比如将一粒芝麻和一个橘子放在桌子上，我们只会注意到橘子，不会看到芝麻，芝麻是被忽略的，因为它小了一个量级。

2. 几个小量级在一起，远比不上一个大量级的东西

在系统论中，我们说整体大于部分之和。而几个小量级的在一起，也是无法跟一个大量级的东西比较的。这就像100只老鼠的力量不能跟一只大象相比。

3. 解决不同量级的问题要使用不同的方法

彼得·蒂尔在《从0到1》中有一张不同销售方法的客户获取成本图，就是说对不同量级的客户，比如个人客户、小企业、大企业和政府，需要使用不同的销售方式，获客成本也是量级增加的。

个人客户通过市场营销，可能只需要1美元就能获得，最多不超过100美元，而企业客户需要个性化的复杂的销售，谈成一单可能需要很多人员几个月甚至几年的努力，销售费用可达1000万美元。

4. 优先解决大量级的问题

聪明的投资者和有经验的工作者，要优先关注大量级事物。将问题做一个量级清单，根据量级不同排列，将那些量级低的、无关紧要的事情从待办事项中删除，将精力放在大量级的事情上。因为大量级的事情即使提升1%，也比小量级的增长1倍让我们有更大的收获。

量级思维是科学的一个核心概念，用量级概念认知世界、描述事物是科学的基本素养。尊重量级、对不同量级采取不同的解决方式，才能让我们更好地与世界相处。

06 / 复利效应：宇宙中强大的力量之一

先思考这样一个问题，如果你要去10公里外的目的地，路况不好时速度只有40公里/小时，而路况好时速度能达到65公里/小时，在路况好的情况下，10公里的路程你能提前6分钟到达。

现在有了高速，速度为90公里/小时，那么还是10公里路程，走高速比路况好时的时速65公里能提前多少时间到达呢？

你可能会这样想，速度从40公里/小时到65公里/小时，从65公里/小时到90公里/小时，都增加了25公里/小时，可能也是6分钟吧。但实际答案是2分钟，你走高速只能比路况好时提前2分钟到达。

很多人并不明白这个道理，在高速上非要从限速120超速到140，如果总路程是600公里，只能提前40分钟到达，而超速造成的安全隐患却增加了许多倍。

这也并不是我们的错，因为速度增加跟时间减少并不是线性关系。认知心理学研究表明，我们的大脑很难理解这种非线性关系，倾向于简单的线性思维，一杯咖啡20元、两杯咖啡40元、三杯咖啡60元；今年的年收入10万元，挣够100万需要10年。但真实的世界通常是非线性的，复利效应是常见的一种非线性增长，先看一个故事：

◆◇复利的奇迹

在印度有个古老的传说：舍罕王打算奖赏国际象棋的发明人——宰相西萨·班·达依尔。国王问他想要什么，他对国王说："陛下，请您在这张棋盘的第1个小格里，赏给我1粒麦子，在第2个小格里给2粒，第3小格给4粒，以后每小格比前一小格加一倍。请您把摆满棋盘上所有64个格的麦粒，都赏给您的仆人吧！"

国王觉得这要求太容易满足了，就命令给他这些麦粒。当人民把一袋一袋的麦子搬来开始计数时，国王才发现：就是把全印度甚至全世界的麦粒拿来，也满足不了那位宰相的要求。

那么宰相要求得到的麦粒到底有多少呢？

我们来算一下：总数 $1+2+4+8+\cdots+2^{63}=2^{64}-2=18446744073709551615$（粒），也就是约1845亿亿，这个数字看起来是很大，但还不够形象具体。我们换成常用的度量单位吨，据粮食部门测算，1公斤麦子约有麦粒4万个。换算成标准吨后，1845亿亿颗麦粒约等于4611亿吨麦粒。我国近几年每年粮食总产量6亿吨左右，这意味着宰相的要求800年后才能实现。

这就是神奇的复利效应，它起初看上去并不起眼，从很小的数字开始，但随着增强周期的循环，其效果惊人。

复利效应也是在系统模型中解释过的增强回路的一种，我们再来回顾一下这张图：

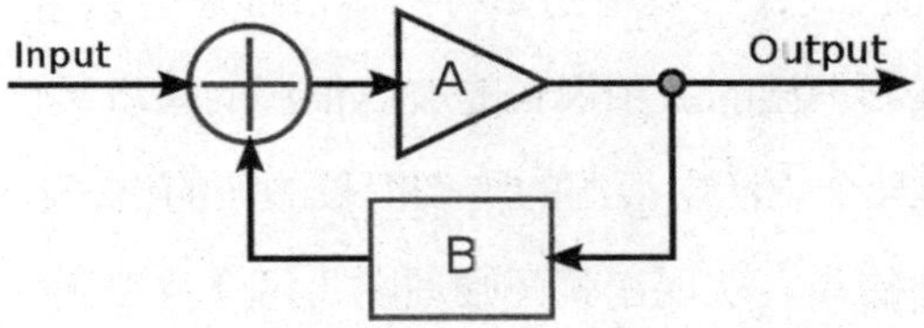

图 3

复利就是因为构成了一个增强的反馈回路，使存量不断增大，并持续不断地循环发展下去。爱因斯坦说过，复利是宇宙中强大的力量之一，我们在印度的传说中已经领会到了它的强大。

◆◇复利速算公式

我们看看复利是如何计算的：

$$FV=PV(1+i)^n$$

在公式中：

FV（Future Value）是指财富在未来的价值；PV（Present Value）是指现值，亦即指本金；i（interest）是指周期内的固定利率或固定回报率；n 则是累计的周期。

这个公式我们很早就学过，要让 FV 变大，在 PV 现值固定的基础上，有两种途径可以实现：一种是增大 i，即固定回报率；另一种是增大 n，即累计的周期。

对于这个复利公式，可以用巴菲特一句很形象的话来概括：人生就像滚雪球，重要的是找到很湿的雪和很长的坡。很湿的雪就是这个 i，很长的坡就是这个 n。我们举几个生活中很湿的雪和很长的坡的例子：

- 为了有更多的钱，从现在就开始理财，每个月拿出一部分钱投资；
- 为了身体健康，从今天开始每天做一定的运动；
- 为了成为专家，专注相关领域，不断学习，每天进步一点点。

复利效应这种非线性增长不符合我们直觉，往往会忽视造成的结果。我们可以用复利系统增长的速算诀窍速算这个影响：**对于复利的指数增长来说，未来价值翻倍所花费的时间，约等于 70 除以增长率（以百分数表示）。**

举例来说，如果你把 100 元存入银行，年利率是 7%，那么 10 年后，你的钱会翻一倍（70/7=10）；如果利率只有 5%，那么这笔钱翻倍就需要花 14 年的时间。

只差 2% 的利率就会多出 4 年的时间，这也就是我们会对房贷利率那么敏感的原因，差一点，几十年后真的差很多。复利模型是我们生活中很常见的现象。坚持做有复利效应的事，才能实现快速增长。

07 / 自催化效应：增长的飞轮

90多年前，迪斯尼家族的两个小伙子华特和罗伊，在一间不起眼的办公室里创建了自己的动画工作室。有趣的是，自创立起至今，在越来越追求创新的时代，迪斯尼公司不是第一个吃螃蟹的，也不是影视科技的领跑者，但他们却能够有效利用科技进步使自己成为行业的领先者。

一路走来，迪斯尼公司已经成为一个典型的“**品牌乘数效应**”企业：它用各种成熟的影视技巧，打造完善自身核心动漫形象，并将其封装为各种形式的产品（乘数效应），然后辅以多种经营手段（乘数效应）以获得最大利润。

迪斯尼这个模式就是查理·芒格说的“自催化模式”。迪斯尼拍了许多电影，拥有电影的版权，当发明出录像带后，他们不需要发明任何新东西，只要把拍好的电影灌装为录像带就能在市场上卖了。

家庭对迪斯尼的发展起到了推动的作用，因为每家都买了录像机，每个父母和祖父母都希望自己的后代能在家里看到这些经典的电影录像。

到了互联网时代，由于对版权的严格控制，迪斯尼这个打法同样有效，像爱奇艺这样的影视平台，即使你成为会员，要看迪斯尼的新电影，还是需要单独买券才能观看完整影片。

◈完美的商业模型：自催化

这可以说是一个完美的模型，如果我们能够找到这样的模型，就根本不用费尽心机发明什么东西，只要稳坐不动，世界就会抬着你前进。

商业世界的模型都能在自然世界中找到源头，自我催化模型来自化学中的“自催化”（Autocatalysis）现象。虽然我们大部分人已经忘记了化学方程式怎么写，但还会记得在做化学试验时，有“催化剂”这么一个神奇的物质，只需要一点点就能将反应速度加快几十甚至几百倍。自催化就是在反应过程中能生成这种让反应加速的催化剂。简单的一句话就是：

当化学反应的产物能够对这个反应的速率有进一步催化作用，让此反应的速率以极快的速度增加，这种反应就称为自催化反应。

工业上的发酵是一个典型的自催化反应，火药的爆炸也是因为热分解产物的 NO_2 对爆炸有自催化效应。在这个模式下，你只需要做 A，却能得到 A+B+C 的效果。自催化反应的特点是：

1. 在诱导期内，反应进行很慢，随着起催化作用的产物积累，反应速度迅速加快，而后又因反应物的消耗使反应速度下降；

2. 自催化反应必须加入微量产物（催化剂）才能启动；

3. 自催化过程中必然有一个最大反应速率出现。

芒格说的这种“自我催化”模型是很启发人的。现在这个世界变化得越来越快，我们总是看到类似生产马鞭子的公司不断被新技术、新服务颠覆。然而却有这么一种“被世界抬着前进”的模型，**即新技术、新服务的出现，不仅不能颠覆它，反而能够为其所用，帮助它运行得更有效。**这自然是商业经营和投资中的完美典型。

◆ 自催化案例：亚马逊的飞轮

作为一种典型的思维模式，这种自催化现象你可以在很多地方遇到。一个很明显的例子是亚马逊。《一网打尽》一书中关于亚马逊战略的总结如下：

贝佐斯与其助理团队描绘了公司步入良性循环的前景，他们相信这会成为公司发展的强大动力。公司的未来蓝图是这样的：以更低的价格来吸引更多的顾客。更多的顾客意味着更高的销量，而且也会把付给亚马逊佣金的第三方销售商更多地吸引到网站来。这也会使亚马逊从固定成本中赚取更多的利润，如物流中心和运行网站的服务器。更高的效率会使价格进一步降低。他们推断，任何一个飞轮只要运行顺畅，就会加速整个循环过程。

亚马逊的这种模式又叫飞轮效应，是一种典型的自催化模式。我们再分析一次迪斯尼，自从了解迪斯尼后，我一直以为它是全球最好的商业模式之一。

迪斯尼最重要的是做好一件事：制作电影。电影不但能够产生巨额收入，还能够形成广泛的影响力和知名度，电影被观看次数越多，这个电影的 IP 就越经典。这使迪斯尼乐园、电影衍生品、IP 授权等其他业务也都能获益。

更重要的是，这个模式是互相催化的。消费者越喜欢迪斯尼乐园、购买电影衍生品，就越愿意观看迪斯尼制作的电影。用系统理论来解释就是，迪斯尼构建了一个自我强化的增强回路。

自我催化模型让我们快速成长，你可以寻找和建立你的自催化模式，来加速达成目标。比如学习中使用自我催化模式，将多个有相互联系的主题集中学习，产生催化效应；做项目一开始就应思考项目内部催化的方式，如有多个项目，要让项目间进行协同，相互催化，快速增长。

08 / 网络效应：取得垄断利润的护城河

网络效应是经济学和商业应用中的一个常见概念，是指随着节点不断添加到网络中，网络会变得更有价值的一种现象。当网络效应出现时，产品或服务的价值取决于使用它的其他节点数量。梅特卡夫还对网络的这一现象做了定量解释，即**网络的价值与网络规模的平方成正比。**

我们对比电话系统和电力系统：如果世界上只有一间房子有电，它仍然价值巨大，可以照明，可以让空调运转；但如果只有一间房子有电话，它就没有任何用处，只有其他电话的加入，构成一个网络才会有价值，网络越大，价值呈现指数级增长。

◆ 直接与间接网络效应

直接网络效应：直接网络效应就是随着使用者的增多会增加其他使用者的直接价值。例如，电话系统、传真机和社交网络都会让使用者直接从网络中获益。一个典型的例子是在线游戏玩家，玩家获得的游戏快感是在与网络中的其他玩家合作与竞争过程中得到的。

间接网络效应：间接网络效应是一种产品或网络衍生品的使用增加了互补产品或网络的价值，又反过来增加了原产品的价值。

互补产品的例子包括软件（如用于操作系统的办公套件）和电子书阅读器。电子书阅读器销售得越多，人们就需要更多的电子书，而电子书的增加会满足更多人的阅读需求，从而让他们更愿意花钱去买阅读器。

大多数双边市场（或平台中介类市场）具有间接网络效应。淘宝就是一个既具有直接网络效应又具有间接网络效应的多边市场。

此外，在分析具有网络效应的产品时，还可以从两种经济价值来源入手：

内在价值：我从产品本身的使用中获得的价值；

网络价值：我从别人对产品的使用中获得的价值。

网络负效应：和其他任何现象一样，网络效应除了具有正面的积极作用，它也会带来负效应。当很多人使用网络时，网络的效率就会降低，这就降低了使用它的价值。负效应和负反馈一样，产生平衡的力量，是对稳定的负责，它会限制网络无限增大。比如手机通信网络，如果太多的人使用，就会产生网络拥堵、网速变慢、传输延迟，如果这个问题不能很好地解决，一些使用者就会离开这个网络。

◆规模经济和网络效应有何不同

规模经济也是大家很熟悉的一个概念，是指通过扩大生产规模而引起经济效益增加的现象。例如，拼车软件随着规模的扩大而让打车更便宜，越多的人使用拼车软件，拼车的价格就会越便宜，这也就是网络效应当中，越来越多用户加入的好处。

另外一个例子是快递服务。如果总订单量很低，每一个订单的价格就会很高。如果订单量增加了，价格就会降下来，因为快递员可以一条路线送多个快递。总的来说，规模经济需要大体量。比如你一次性向供应商购买大量同一种商品，这就是批发，能获得规模经济，你就可以向供应商要折扣。

在个体间分工协作越来越多，连接方式多样化，而又比较分散的市场中，网络效应会发挥越来越重要的作用。网络效应与规模经济的不同之处在于：

1. 网络效应的指数级增长也给我们带来了巨大的想象空间。在投资和创业的过程中，首先考虑有没有网络效应，即每个新加入者能不能从网络中获得好处，并让这个网络价值更高。

2. 如果只有规模经济，没有网络效应，发展速度就是线性的，规模经济发挥作用还需要大的投入形成大体量。

3. 规模经济很难通过构筑“护城河”获取丰厚利润，而网络效应能实现网络价值和个体需求的最大化结合，会带来垄断，有很深的“护城河”。

09 / 升维打击：维度一变，一切全变

你可能听说过“降维打击”这个词，它出自《三体》一书，原意是将攻击目标本身所处的空间维度降低，让目标在低维度的空间中无法生存，以实现毁灭目标的目的。还可以对我们自身“升维”，通过升维实现高维打击低维。维度不同，跟量级之差一样，是不同的层级、不同的认知范围。先看一个由于对维度的深刻理解而获得千万财富的故事：

在第二次世界大战即将结束时，所有人都知道战后整个世界要重建：西欧要重建，美国要增长，日本需要重建，俄罗斯也要发展经济。这就意味着什么呢？

意味着战后的石油消费会猛增，因为基础建设和经济增长需要大量石油能源，石油就会成为紧缺物资，价格会翻倍。这一点几乎每个人都能想到：如果有人能低成本将大量石油运输到世界各地，肯定能赚到大钱。

石油的海上运输需要轮船，现在的问题变成了建造什么样的轮船才能让建造成本和运输成本更低呢？有一个希腊的海运大亨，名字叫 Starvos Niarchos，他不但知道世界需要石油，他还知道一个几何学的立方体模型。

一个基本的几何知识：

面积 = 长 × 宽；

体积 = 长 × 宽 × 高。

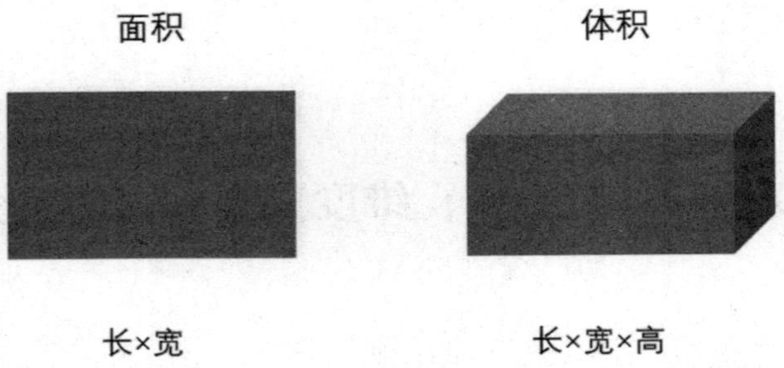

图 15

建造轮船的成本由表面积决定，而能装多少（容积）却由体积决定。也就是说，随着船的增大，**建造轮船所需的钢铁（表面积）将会以平方的速率增加，而轮船的容量将会以立方的速率增加。**

这意味着，轮船越大，就可以用更少的钢铁获得更多的容积。Starvos Niarchos 明白了这个道理后，就斥资建造了一艘超大型原油运输船，取名为 Knock Nevis（诺克·耐维斯）号。

诺克·耐维斯号不仅是世界上最长的船只，它还是当时世界上最长的人工制造水面漂浮物，其长度为 458 米，比横躺下来的埃菲尔铁塔还长。

要装更多，除了更长，还得更宽。诺克·耐维斯号的宽度是多少呢？是 67 米。宽为什么只有 67 米呢？因为苏伊士运河的最窄处宽度只有 71 米，要通过 71 米宽的苏伊士运河，67 米就是一个极限宽度。

这艘巨型运输船建成后，Starvos Niarchos 用它运输原油，第一次就收回了投资。这就是立方体模型的力量。

在单个维度上，比的是长度；

在两个维度上，比的是面积；

在多个维度上，比的是体积。

从几何中获得的简单认知模型，让 Starvos Niarchos 一次就赚了上千万美元。

◆◇大象的寿命为什么比老鼠长

我们先算一下大象和老鼠的体积与表面积：

老鼠的表面积大概为 14 平方英寸，体积为 3 立方英寸；

大象的表面积为 57000 平方英寸，体积为 864000 立方英寸。

简单算算，老鼠表面积与体积的比为 5∶1，大象表面积与体积的比是 1∶15，二者相对比为 75。

我们用物理学家的思考方式：

老鼠是由很多细胞构成的，而大象也是由大量细胞组成。每个细胞都会产生热量，假如大象的单个细胞产生的热量和老鼠单个细胞产生的热量一样多，会发生什么情况？

答案是大象会爆炸！

因为对于大象这样一个庞然大物，表面积相对太小，热量来不及散发，就会导致温度过高而爆炸。

而实际上，大象并没有爆炸。我们可据此得知大象体内细胞的新陈代谢要比老鼠的慢很多。一个简单的立方体模型竟然解释了一个基础生物规律，**即随着物种体积的变大，它的新陈代谢必须减速。**因此，体形越大的动物，新陈代谢越慢，寿命越长。

◆ 2 个小比萨之和小于 1 个大比萨

面积和体积的关系可以应用在我们生活的各种场景中，比如你去餐厅吃比萨，原来预订的是半径为 12 寸的比萨，到店后女服务员抱歉告知，12 寸的已经卖完了，可以用一个半径 9 寸和 6 寸的替换，但只收 12 寸比萨的钱。问你要不要换?

有些人可能就掰着指头算了，9 寸加 6 寸是 15 寸，比原来的 12 寸大，占便宜了，要要要，赶紧上。且慢，先别急着吃，我们虽然不贪小便宜，但也不做冤大头。比萨的形状是个圆，厚度基本相同。我们以面积比来衡量比萨实际大小，也就是说，比萨的大小与半径的平方相关。

那么 12 寸的比萨就是 $12 \times 12 = 144$ ，而 6 寸的就是 $6 \times 6 = 36$ ，9 寸的是 $9 \times 9 = 81$ ，6 寸和 9 寸的加起来是 $36 + 81 = 117$ 。

两个小的加起来要比一个大比萨的相对面积小许多，很不划算。明白了这点后，服务员用 6 寸和 9 寸的来替换你点的 12 寸的比萨时，你可能就不会那么爽快地答应了。这是面积的例子，我们再来看一个体积的例子：

◆ 大西瓜便宜还是小西瓜划算

马路边一个卖西瓜的人在不停地叫卖：“1 个 10 元，10 元 3 个。”

这时过来一位顾客询问，原来卖家有两种西瓜，大的 10 元 1 个，小的 10 元 3 个。他看了看两种西瓜，目测大西瓜直径约 8 寸，小西瓜直径约 5 寸。他犯了难，到底买哪种更合算呢？让我们用立方体模型来帮帮他：

首先，从体积上来比一比，西瓜近似一个球，球的体积公式是 $4/3\pi r^3$，或是 $1/6\pi d^3$。其中 r 是半径，d 是直径。求它们体积比时，可省去 1/6 和 π 。于是，

大西瓜体积 ：3 个小西瓜体积之和

$= [8 \times 8 \times 8] : [(5 \times 5 \times 5) \times 3]$

= 512 ：375

由此可见，买 3 个小西瓜是很吃亏的。

◆不能只算体积

那么，假如再多给你一个小西瓜就是一共 4 个小西瓜，你会买大西瓜还是小西瓜呢？

这时从体积上看两种情况相差不多了。但如果考虑瓜皮的多少，还是买大西瓜合算。由于球的表面积公式为 πd^2，所以，

大西瓜的表面积 ： 4 个小西瓜的表面积之和

$= [\pi \times 8 \times 8] : [(\pi \times 5 \times 5) \times 4]$

= 64 ：100

由此可知，4 个小西瓜合在一起的瓜皮，将近是大西瓜瓜皮的 2 倍。所以综合起来考虑，还是买一个大西瓜合算。

你看，一个小学的几何知识，简单的计算面积和体积的立方体模型，竟然有这么大的用处，有人用它赚到了 1000 万美元，我们还据此推测出了一个基础生物规律，吃比萨、挑西瓜都派得上用场。

在我们的工作生活中，如果能增加一个维度，就有压倒性的优势。比如你是计算机工程师，还擅长写作，你就有了两个维度。相对于只会写代码的工程师，你机会更多，成功的可能性也就更大。

10 / 10倍好理论：快速增长的巨大势能

李善友教授在混沌大学引用英特尔前CEO安迪·葛洛夫的观点，讲了一个10倍速变化概念（10×Change），即：

每一个战略转折点都表现出10倍速的变化，而每一个10倍速变化都会导致战略转折点。

并由此获得一个深刻的洞见：

不是企业或行业整体10倍速变化，而是影响企业的某一个要素短时间巨变。

战略转折要在单一要素10倍速变化时，抓住这个巨大变化的时刻，放大单一要素，**撬动杠杆，由第一曲线向第二增长曲线跃迁。**

在商界，还有一个10倍好理论，与善友教授说的10倍速变化有异曲同工之妙，它是新创企业开发产品和进入市场的一个核验指标，我们今天来聊聊这个**"10倍好理论"**。

10倍好理论最早出自彼得·蒂尔的《从0到1》，他说一个新创企业，要想获得快速成长，其提供的解决方案要比现有方案好10倍以上，这个好10倍，可以是成本低10倍，效能强10倍，或易用性优10倍。为什么3倍5倍不行，要好10倍呢？因为：

消费者会高估已有解决方案3倍以上；

创业者会高估自己方案3倍以上；

因此你要创造一个比现状好10倍的方案。

只有这样，客户才有动力，愿意挣脱现有方案的惯性，冒着风险尝试你的方案。

这就是10倍好理论，真正创新或颠覆性的产品和服务，至少要比目前做法好10倍才有可能成功。这个思考框架，不但对新创企业有用，对于成熟的大公司开发新产品、开拓新市场，都有很大帮助。你要反复思考你能为客户带来什么价值，这个价值比原来他们使用的产品价值大吗？大多少？有10倍以上吗？

◆ 10倍好案例：微信成功的秘密

10倍是一个数量级的差异，而不同的数量级，就有不同的玩法。差10倍就差一个数量级，属于不同的维度，以高维打低维，更能获得成功。为了更好地理解和实践这个理论，我们来看几个例子：

轰炸机VS原子弹

在第二次世界大战期间，一个美国轰炸机会携带大约6吨TNT，完成一次大型轰炸任务需要上百架轰炸机。自原子弹被发明后，一架轰炸机携带一枚原子弹，其威力相当于2万吨TNT。这意味着每架飞机的破坏力增加了3300倍，同时飞机数量也减少到原来的1/200～1/300。原子弹相对于轰炸机是几个数量级的改进。

火车VS飞机

普通火车最高速度是120公里/小时，北京到广州大约2000公里，大约需要二十小时才能抵达。民航客机速度为800公里/小时，北京到广州飞行时间在3小时以内，时间只有普通火车的1/10。

现在的高铁速度为300多公里/小时，北京到广州不到10小时，因此对民航造成了冲击，成了民航的竞争对手，这也间接说明3倍优势不能拉开差距，客户对3倍优势感知不强，必须10倍好才行。

出租车 VS 打车软件

在没有打车软件前，人们只能跑到街上去拦出租车，车的舒适度和服务都不好，只能付现金，还要找零。有了打车软件后，出行可提前预约，车型有多种选择，舒适度好，服务周到，下车自动扣款。以前如有东西落在了出租车上，很难找回，但通过软件打车，能直接联系到司机，东西找回的可能性大了许多。

相对于出租车，打车软件给客户出行带来了极大的方便，客户感知体验好10倍以上。

图书馆 VS kindle

亚马逊网站极大改善了图书的购买体验，又开发了kindle让图书的购买和阅读体验同时提升了一个大台阶。在实体书店买一本书，不但在交通上要花时间，在书店找书也很不方便。

而在kindle上，你可以查找想要的书籍，看好后一键购买，不足一本书重量的kindle能储存几百本电子书，图书存储量增加几百倍，占用空间缩小，用户体验提升超过10×10倍。

短信 VS 微信

在功能机时代，除了语音电话，短信是另一个常用的功能。每条短信大约1毛钱，如果要发一个图片，就得用彩信，一条彩信1块钱左右。

有了微信后，不但文字传输非常方便，也能做到无须实时在线的语音交流，易用性有了质的提升，不认字的人都能熟练使用微信发语音。还能以非常低的成本传输图片、视频等多媒体。成本只有短信的1/10，体验好10倍。

◆◇ 10 倍好力量：更清晰地思考未来

当然并不是每家新创企业都能比现有方案好 10 倍以上，我们看到有些公司的新产品改进不大，也快速占据了很大的市场。但好 10 倍是值得每家公司、每个人努力的目标。

不管你是单干、初创公司的创始人或公司管理人员，想想你最新发布的三款产品，你提供的附加值究竟有多少？

可能只是改进了一点点，只有 1.1 倍或 1.2 倍的改进，那么成功的可能性会非常低。你能为客户提供的附加值越多，你的企业就越成功。不是每件事都可以提升 10 倍，但你不能停止思考。永远不要停止问：**我们如何才能提供比现状好 10 倍的体验。**

谷歌实验室负责人阿斯特罗·泰勒说："尝试做一样新东西，不外乎两种风格，一种是小幅变动，比如改变生产模式，这时往往得到的就是 10% 的改进。但如果要获得真正的巨大革新，一般来说你就得重新开始，尝试另一种方式或很多种方式，你必须打破一些基本的假设。"

◆◇ 怎样用 10 倍好理论获得快速增长

新创企业或新产品，要想在市场上获得快速增长，运用 10 倍好理论，有两个可选方案：

第一，颠覆式创新。

你的解决方案要比现有方案好 10 倍以上。这样客户才愿意改变现状，使用你的产品和服务。你才能收获用户"哇"的惊叹，以较低的成本快速增长，构建自己的护城河，形成垄断，获得超额利润。

第二，进入一个变化足够大的市场。

如李善友老师所讲，这个快速变化的市场应具有下面一个或多个特征：

用户在 10 倍速变化；

供应商 10 倍速变化；

互补企业 10 倍速变化。

由于市场变化很快，你的解决方案即使达不到好 10 倍，但变化的市场给你带来巨大势能，使你快速增长。

11 / 这个世界会好吗?

我们每天都会遇到各种“销售”场景：让别人同意自己的想法是一种销售，求职是将自己的技能销售给公司，跟潜在客户签单更是最常见的销售。

用什么样的方式销售成功率最高呢？有没有好用的模板可以套用？人类基因里是喜欢故事的，一个好销售也要会讲故事，平铺直叙地介绍产品通常会吃到闭门羹。

我在 medium 网站看到了一个以故事为主线的销售模板，下面有评论说用这个模板后很快谈下来一个大客户，此前这个客户根本不搭理他们。一个精彩的销售叙事模板有 5 个核心要素：

◈ 世界正在发生巨变

- **说出一个正在发生的巨大变化；**
- **这个转变一定是有共识，不可否认的。**

这里的转变一定要是有共识的转变，不是你的想法或者一小部分人的观点。比如智能机器的发展将会代替大部分体力劳动者，就已形成共识。其中特别强调下面两点：

（1）赌注是巨大的，如果你不顺应时代发展要求，不做出改变，将会面临巨大风险。

（2）转变非常紧迫，刻不容缓。

为什么不直接说你的产品、你的服务、你的公司或者任何有关你的一切呢？

因为当你谈到这些时，你在断言你的潜在客户有“问题”。承认自己有问题、有不足让人很不舒服，客户就会进入防守模式。人们意识不到，或者不愿承认他们面临的问题。

但当你从世界的巨大变化开始时，人们就愿意听你说，也愿意了解这种转变将会如何影响他们，你就成功地吸引了他们的注意。好莱坞编剧大师罗伯特·麦基说：

> ……引起人们注意的是变化……你周围的温度发生变化，手机响了，这都会引起你的注意。一个好故事的起始事件，是以一个创造变革的时刻为开始。

◆◇风会熄灭蜡烛，却能使火越烧越旺

人们都有“损失厌恶”倾向，就是说我们宁愿通过维持现状避免可能的损失，而不想通过改变和冒险来获得未来的收益。心理学家做过很多次试验，只有获得大约 2.5 倍以上维持现状的收益，人们才愿意冒险改变。所以为了对抗“损失厌恶”，必须说明在这个巨大的变化下，会产生大输家和大赢家，也就是说，你必须让对方清楚：

- **只有顺应这种转变才会有积极美好的未来，你会赢；**
- **如果不这样做，可能会遇到无法接受的消极未来，你会输。**

如果有必要，你也可以展示赢家（你潜在客户的竞争对手）采取了什么措施，做出了哪些积极的改变，获得了什么成就等。

◆◇指出应许之地

“应许之地”是《旧约》中的词，是流着奶和蜜的地方，寓意为美好的未来。

很多人到这一步可就憋不住了，想引入自己的产品帮助用户成为赢家，客户可能也会问有什么解决方案的细节，但要忍住这种想介绍自己产品的冲动。

此时你的任务是给他们绘一张未来世界的美好画面，而你的产品能够帮助他们到达那里。这个美好的应许之地应是：

- **前景美好，到了那里就能获得永远幸福的生活；**
- **没有外界帮助很难实现，否则为什么要你和你的产品；**
- **它是一个未来的新状态，而不是你的产品；**
- **容易传达，你的潜在客户能够将你的想法介绍给团队中的其他人。**

◈ 抵达“应许之地”的神奇礼物

现在你也明白了，成功的销售模板跟史诗级电影和童话故事的叙事结构是一样的。《水浒传》中前面也是描述了一大堆后，才有梁山英雄好汉出场，《西游记》前几回也不说西天取经的事，而是交代孙悟空的背景。

你的客户是被镇关西欺负的金翠莲父女，你就是伸张正义的鲁提辖；你的潜在客户是唐僧，取经路上有火焰山，你就是孙悟空，帮他通过火焰山，到西天取到真经。

介绍你的产品或服务时，要将其功能（如武力、魔法和法术）定位为“神奇的礼物”来帮助你的主角（潜在客户）到达期望的“应许之地”。在这一环节，你的重点是：

- **展示你的产品特性可以帮助他们从旧世界到达新世界；**
- **展示为什么用传统的解决方案不能抵达“应许之地”。**

◈ 提供让故事成真的证据

说了这么多，客户心里想：你凭什么可以帮我？你或者你的产品怎样保证让我实现理想？此时的任务就是要想办法证明这一点，消除客户的怀疑，下面这些内容你要在最后补上：

- **承诺如果他们愿意和你一起，你就能把他们带到“应许之地”；**
- **介绍相关客户的成功案例；**
- **如果还没有成功案例，就在帮助客户到达应许之地的潜在背景下展示自己的产品和解决方案，展示产品原型也是可以的。**

销售故事模板的 5 个要素就介绍完了。任何模板都有适用条件，这个模板有五个要素，需逐步展开，篇幅较长，需要时长在 20 分钟以上，文字陈述也应在 2000 字左右。如果条件受限，就不要用这样的模板，用其他方式表达观点。

以后如有碰到适合这个模板的销售场景时，你可以尝试照着粗体字部分，套用这个模板做出一份史诗级的销售叙事结构，它将帮助你实现销售目标。

12 / 收入翻番，焦虑减半

如何不靠运气致富呢？我们看富人的答案。

Naval Ravikant 是 Twitter 投资人，也是硅谷非常著名的天使投资人，除了投资 Twitter 外，他还是 Uber 等多个公司的投资人。此外，他还创立了 AngelList，是美国股权众筹平台的鼻祖，人称他是一个商业思想家。

Naval Ravikant 曾对如何不靠运气致富 How to Get Rich（without getting lucky）这个主题发过 40 个小贴士。经他授权，我将这 40 条原文列出，并根据我的理解翻译成中文。如果你英文还不错，就不用看我下面翻的中文，直接看英文。

1.Seek wealth, not money or status. Wealth is having assets that earn while you sleep. Money is how we transfer time and wealth. Status is your place in the social hierarchy.

追求财富，而不是金钱或地位。财富是在你睡觉时都能帮你赚钱的资产。金钱是我们衡量时间和财富的工具。地位是你在社会等级中的身份象征。

2.Understand that ethical wealth creation is possible. If you secretly despise wealth, it will elude you.

相信光明正大地获得财富是可能的。如果你从内心鄙视财富，它就会躲着你。

3.Ignore people playing status games. They gain status by attacking people playing wealth creation games.

不要太在意那些玩社会地位游戏的人，他们通过攻击创造财富的人而获得自己的“地位”。

4.You're not going to get rich renting out your time. You must own equity — a piece of a business — to gain your financial freedom.

你不能通过出售自己的时间变富。你必须靠打造商业模式获得财务自由。

5.You will get rich by giving society what it wants but does not yet know how to get. At scale.

要想发财，你要提供人们想要但是还不知道怎样获得的东西，并且将它规模化。

6.Pick an industry where you can play long term games with long term people.

找一个可以跟一群人共同玩很长时间的产业（选择重复长期博弈，而非偶尔短期博弈）。

7.The Internet has massively broadened the possible space of careers. Most people haven't figured this out yet.

互联网极大地拓展了职业空间。很多人还没意识到这一点。

8.Play iterated games. All the returns in life, whether in wealth, relationships, or knowledge, come from compound interest.

玩迭代游戏。生活中所有的回报，无论是财富、人际关系还是知识，都来自复利效应。

9.Pick business partners with high intelligence, energy, and, above all, integrity.

选择智商高、能力强的合作伙伴，但更重要的前提是，必须诚信。

10.Don't partner with cynics and pessimists. Their beliefs are self-fulfilling.

不要和愤世嫉俗者和悲观主义者合作。他们的信仰是自我应验预言（这样的人不作为，期望坏结果出现，以证明自己预测的正确性）。

11.Learn to sell. Learn to build. If you can do both, you will be unstoppable.

学会销售，学会构造（产品）。如果你同时掌握了这两样，你将是无敌的，没有什么可以阻挡你。

12.Arm yourself with specific knowledge, accountability, and leverage.

用独特的知识，可信赖的品质，以及自身影响力装备自己。

13.Specific knowledge is knowledge that you cannot be trained for. If society can train you, it can train someone else, and replace you.

独特的知识是指不能轻易学到的知识技能，如果能被轻易学会和教会，那么社会也可以培训其他人来代替你。

14.Specific knowledge is found by pursuing your genuine curiosity and passion rather than whatever is hot right now.

独特的知识是在你追求真正的好奇心和激情时获得的，不是当下最热门的。

15.Building specific knowledge will feel like play to you but will look like work to others.

建构独特知识对你来说就像玩一样，但对别人来说就像是工作。

16.When specific knowledge is taught, it's through apprenticeships, not schools.

独特的知识不是在学校里教会的，它只能通过学徒制传授。

17.Specific knowledge is often highly technical or creative. It cannot be outsourced or automated.

独特的知识通常有很高的技术含量和创造性，它不能外包或自动化。

18.Embrace accountability, and take business risks under your own name. Society will reward you with responsibility, equity, and leverage.

成为可信赖的人，用自身名义承担商业风险。社会也就回报你权利、资产和影响力。

19.The most accountable people have singular, public, and risky brands: Oprah, Trump, Kanye, Elon.

能被信赖的人都具有独特的、公众的、有风险的品牌，如奥普拉、特朗普、坎耶、埃隆。

20.Give me a lever long enough, and a place to stand, and I will move the earth. — Archimedes

只要给我一个足够长的杠杆和一个可以立足的地方，我就能撬动地球。——阿基米德

21.Fortunes require leverage. Business leverage comes from capital, people, and products with no marginal cost of replication (code and media).

获得财富需要影响力。商业影响力来自资本、人力和零边际成本就能复制的产品（代码和媒体）。

22.Capital means money. To raise money, apply your specific knowledge, with accountability, and show resulting good judgment.

资本就是金钱，用你的独特知识、可信赖品质和优秀的决策力筹集资金。

23.Labor means people working for you. It's the oldest and most fought-over form of leverage. Labor leverage will impress your parents, but don't waste your life chasing it.

劳动力就是为你工作的人，这是最古老、最有影响力的影响力。人力影响力会让你的父母骄傲，但不应浪费生命去追逐它。

24.Capital and labor are permissioned leverage. Everyone is chasing capital, but someone has to give it to you. Everyone is trying to lead, but someone has to follow you.

资本和劳动力是许可影响力。每个人都在追逐资本，但总得有人给你。每个人都想要领导他人，但总得有人跟着你。

25.Code and media are permissionless leverage. They're the leverage behind the newly rich. You can create software and media that works for you while you sleep.

代码和媒体是无许可影响力。它们是当代财富新贵的影响力。能让你创建的软件和媒体在你睡觉时仍然为你工作。

26.An army of robots is freely available — it's just packed in data centers for heat and space efficiency. Use it.

有大量的机器可以自由使用——它们被放置在数据中心只是为了更有效地利用空间和发挥作用，一定要用好它。

27.If you can't code, write books and blogs, record videos and podcasts.

如果你不会写代码，你可以写书和博客，还可以录视频和音频。

28.Leverage is a force multiplier for your judgement.

自身影响力能将你的判断力加倍放大。

29.Judgement requires experience, but can be built faster by learning foundational skills.

判断需要经验，但可以通过学习基本技能很快建立起来。

30.There is no skill called "business". Avoid business magazines and business classes.

没有一种技能叫作“商业”，远离商业杂志和商业课程。

31.Study microeconomics, game theory, psychology, persuasion, ethics, mathematics, and computers.

学习微观经济学、博弈论、心理学、说服技术（行为设计）、伦理学、数学和计算机。

32.Reading is faster than listening. Doing is faster than watching.

（学习上）阅读比耳听更快，行动比观摩更快。

33.You should be too busy to "do coffee" ,while still keeping an uncluttered calendar.

虽然你忙得连喝一杯咖啡的时间都没有，但要保证日程井然有序。

34.Set and enforce an aspirational personal hourly rate. If fixing a problem will save less than your hourly rate, ignore it. If outsourcing a task will cost less than your hourly rate, outsource it.

设定并贯彻理想的个人时薪。如果解决一个问题比你自己做更快更省钱，就不要做。如果外包一项任务的成本低于你的每小时工资，就把它外包出去。

35.Work as hard as you can. Even though who you work with and what you work on are more important than how hard you work.

要勤奋，尽管跟谁一起工作和做什么工作比你如何努力工作更重要。

36.Become the best in the world at what you do. Keep redefining what you do until this is true.

努力成为在这个领域最牛的人，并不断定义和调整，直到实现这个目的。

37.There are no get rich quick schemes. That' s just someone else getting rich off you.

世界上没有快速致富策略,那只不过是卖致富策略的人想从你身上赚钱。

38.Apply specific knowledge, with leverage, and eventually you will get what you deserve.

运用独特知识以及自身影响力，最终你将收获你应得的。

39.When you're finally wealthy, you'll realize that it wasn't what you were seeking in the first place. But that's for another day.

当有一天你变得富有时，你将意识到这并不是你最初想要的东西。但这是之前的想法，现在你应努力做好当下的事。

40.Summary: Productize Yourself.

总结一句话：将自己精雕细琢为一个产品。

后记

Postscript

世界是不确定的，科学也未必是真理

◆ 科学不是真理

虽然我们有很多测量方法、测量工具，但真实的状态是，没有任何科学测量和观察都是精确的。举个例子，我说我的身高是 178 厘米，即使精确到毫米，比如 178.3 厘米，这也不是我实际的身高，即使在同一时间段用同一把尺子多次测量的结果也是不一样的。

那么，既然世界是不确定的，科学也未必是真理，我们就要听天由命碰运气吗？ 科学家说，具体数值是否“精确”取决于我们建构的模型和我们使用数值的目的。测量身高，精确到厘米就够用了，再精确也没实际意义。但如果要制造发动机气缸中的活塞，就需要更高的精度、更精确的数值。使用数据的用途决定了我们的测量工具和测量方法。

人类的智慧也在于此，用恰当的工具和模型，努力在不确定的世界中建构一个确定的世界。但在构建模型前，我们需要重视世界的随机性特征，纽约大学新闻系教授查尔斯·塞费（Charles Seife）总结了随机性的三条定律，也称为随机性三法则。

◆◇世界是随机的

科学不是真理，科学的目的是追求真理，逼近真理。不可预测性、随机性才是科学的正确观念。认识到不确定性、理解随机性的三条法则，才能打破我们对可预测性的迷信，真正去探索宇宙的真相而非想象。

随机性第一法则：随机性是真实存在的

人类为了获得想象中的掌控感，会对随机性做简单归因，比如“恶有恶报，善有善报”。科学研究已经证实并预测，抽烟喝酒对身体有各种危害，但如果用随机性事件举例，就很轻易地击溃这个笃定的预测。比如隔壁老王每天抽两盒烟，现在 80 多岁了，精神仍然很好，而邻村的老李，不抽烟不喝酒，没到 60 岁就去世了。

在篮球比赛中还有一种“手热”的现象，就是有时候，一个队员投球命中率非常高，怎么投怎么进。其他队员认为他的状态好，手热，就尽量将球传给他，多让他投，为本队赢得更多的分数。这种“手热”现象背后的原因是什么呢？难道真的有一种什么力量帮助手热队员？其实这都是一种随机现象，只要样本量足够大，就会出现这种手热现象。同样，你连续抛 200 次硬币，一定会有连续六七次正面朝上或反面朝上的情况。这都说明随机性是真实普遍存在的。

随机性第二法则：有些事情不能预测

如果去赌桌前观察，会发现几乎每个人都相信，下一把好运气就会到来。那些刚赢几局的人，想着今天手气真好，会一直赢下去，于是就持续下注，增加筹码。而那些输家呢，也会疯狂下注，他们认为已经输得这么惨，下一把会时来运转。所以，他们也不会离开赌桌，害怕失去下一把的好运。

与我们认为的恰恰相反，不是什么神奇的力量成就了赢家，宇宙中也不存在否极泰来的公平，赌场输赢只是随机性结果。如果赌场中的骰子没有做过手脚，无论你观察得多么细致，下一次还是不知道它的点数。因为每一轮掷骰子结果和以前的结果毫无关联。

如果这次掷出6个点，无论你用什么理论，用什么逻辑都不能预测下次哪个点数出现的概率更大，下一次你掷出6个点的概率还是1/6。我们不能给这类完全独立且随机的事件建立模型来预测结果。

随机性第三法则：单个随机事件不能预测，但整体似乎却可预测

单个随机事件确实无法预测，但如果把一系列独立随机事件当作一个整体，那么它就是可以预测的。这些随机事件越多，整体就越能被预测，这就是大数定律。大数定律是指一个独立的随机事件在大量重复后，它发生的概率就会趋于一个稳定的算术平均值。就像抛硬币一样，当我们不断地抛，抛上千次，甚至上万次，我们会发现，正面或者反面向上的次数都趋近于50%。还有一个让我们理解随机性的重要数学工具是中心极限定理，即在大样本条件下，不论总体的分布如何，样本的均值总是近似地服从正态分布。有了这些工具后，当我们面对看似杂乱的随机事件时，也可以做出稳定准确的预测。

◈科学即探索，知识即模型

在明白不确定性和随机性法则后，我们知道科学并不是真理，它就是科学自身的产物和人类构造的艺术、宗教这些没有任何差别，它肤浅、无知且幼稚。爱因斯坦曾说："目前为止，我们对真实世界的所有测量都是小儿科的。"但就这一点小儿科的东西，也是我们花了几千年获得的最宝贵的财富。

这个宝贵财富既包括科学的结果，也包括科学的方法，科学是在探索真理，但却无法精确获得真理。我们当前认为科学的结论可能是错的，但在没有更合适的出现前，它暂时是有用的。我们现在的知识，其实都只是一个模型，科学只是在创造和检验这个模型。

同样，**建模也不是宣布真理，这是一个永无止境的探索和改进的过程。**

想要弄明白任何事情，都意味着要建构模型，这个模型还要可以预测结果并验证观察结果。模型是连接真实世界和大脑世界的桥梁，因此知识即模型。模型虽然不是真理，但它是可依赖的无限接近真理的好工具，用更多的模型来理解和预测不确定性的世界，可能也是我们唯一的选择。

英语中有一句流行语：

All models are wrong, but some are useful.（所有模型都是错的，但有些是有用的。）

本书中的模型也可能是错的，但是有些或许能让你减少一些不确定性，让你更好地认识世界、更好地决策和更有力地行动。

参考文献

1. 约翰·布罗克曼，《那些让你更聪明的科学新概念》，浙江人民出版社，2017 年

2. 纳西姆·尼古拉斯·塔勒布，《随机漫步的傻瓜：发现市场和人生中的隐藏机遇》，中信出版社，2012 年

3. 纳西姆·尼古拉斯·塔勒布，《反脆弱：从不确定性中受益》，中信出版社，2014 年

4. 安藤晴彦 / 青木昌彦，《模块时代：新产业结构的本质》，上海远东出版社，2003 年

5. 卡丽斯·鲍德温，《设计规则：模块化的力量》，中信出版社，2006 年

6. 安德烈·焦尔当，《学习的本质》，华东师范大学出版社，2015 年

7. 德内拉·梅多斯，《系统之美：决策者的系统思考》，浙江人民出版社，2012 年

8. 奇普·希思 / 丹·希思，《决断力：如何在生活与工作中做出更好的选择》，中信出版社，2014 年

9. 本杰明·富兰克林，《富兰克林自传》，译林出版社，2015 年

10. 丹尼尔·卡尼曼，《思考，快与慢》，中信出版社，2012 年

11. 史蒂芬·柯维，《高效能人士的七个习惯》，中国青年出版社，2002 年

12. 尼尔·埃亚尔 / 瑞安·胡佛，《上瘾：让用户养成使用习惯的四大产品逻辑》，中信出版集团，2017 年

13. G·波利亚，《怎样解题》，上海科技教育出版社，2011 年

14. 布莱恩·克里斯汀 / 汤姆·格里菲思，《算法之美：指导工作与生活的算法》，中信出版集团，2018 年

15. 彼得·考夫曼，《穷查理宝典：查理·芒格的智慧箴言录》，上海人民出版社，2010 年

16. 霍华德·马克斯，《投资最重要的事》，中信出版社，2012 年

17. 瑞·达利欧，《原则》，中信出版社，2018 年

18. 海蒂·格兰特·霍尔沃森，《成功，动机与目标》，译林出版社，2013 年

19. 王云五，《我怎样读书》，辽宁教育出版社，2005 年

20. Peter Bevelin，*Seeking Wisdom：From Darnin to Munger，Post Scripturn AB*，2007 年

21. B.J. Fogg，*Persuasive Technology：Vsing Computers to Change What We Think and Do*，Morgan Kaufmann Publishers，2002 年

图书在版编目（CIP）数据

直面不确定性 / 大辉著 . -- 北京 : 北京时代华文书局 , 2020.5
ISBN 978-7-5699-3592-9

Ⅰ . ①直… Ⅱ . ①大… Ⅲ . ①学习方法－通俗读物
Ⅳ . ① G791-49

中国版本图书馆 CIP 数据核字 (2020) 第 029374 号

直面不确定性

ZHIMIANBUQUEDINGXING

著　　者 | 大　辉
出 版 人 | 陈　涛
选题策划 | 薛纪雨
责任编辑 | 徐敏峰
封面设计 | 水玉银文化
责任印制 | 郝　旺
出版发行 | 北京时代华文书局 http://www.bjsdsj.com.cn
北京市东城区安定门外大街 136 号皇城国际大厦 A 座 8 楼
邮编：100011　电话：010 - 83670692　64267677
印　　刷 | 北京温林源印刷有限公司
（如发现印装质量问题，请与印刷厂联系调换）
开　　本 | 690mm×980mm　1/16
印　　张 | 16
字　　数 | 205 千字
版　　次 | 2020 年 5 月第 1 版
印　　次 | 2020 年 5 月第 1 次印刷
书　　号 | ISBN 973-7-5699-3592-9
定　　价 | 56.00 元